全国职业培训推荐教材
劳动和社会保障部教材办公室评审通过
适合于职业技能短期培训使用

起重机械操作技能

吴水萍　主编

中国劳动社会保障出版社

图书在版编目(CIP)数据

起重机械操作技能/吴水萍主编. —北京：中国劳动社会保障出版社，2006

职业技能短期培训教材

ISBN 978-7-5045-4504-6

Ⅰ. 起… Ⅱ. 吴… Ⅲ. 起重机械-操作-技术培训-教材 Ⅳ. TH21

中国版本图书馆 CIP 数据核字(2006)第 046610 号

中国劳动社会保障出版社出版发行

（北京市惠新东街1号 邮政编码：100029）

出版人：张梦欣

*

北京市艺辉印刷有限公司印刷装订 新华书店经销

850毫米×1168毫米 32开本 5.125印张 132千字

2006年7月第1版 2023年8月第17次印刷

定价：9.00元

营销中心电话：400-606-6496

出版社网址：http://www.class.com.cn

前　言

职业技能培训是提高劳动者知识与技能水平、增强劳动者就业能力的有效措施。职业技能短期培训能够在短期内使受培训者掌握一门技能，达到上岗要求，顺利实现就业。

为了适应开展职业技能短期培训的需要，促进短期培训向规范化发展，提高培训质量，中国劳动社会保障出版社组织编写了职业技能短期培训系列教材。这套教材涉及第二产业和第三产业50多个职业（工种）。在组织编写教材的过程中，以相应职业（工种）的国家职业标准和岗位要求为依据，并力求使教材具有以下特点：

短。适合15~30天的短期培训，在较短的时间内，让受培训者掌握一种技能，从而实现就业。

薄。教材厚度薄，字数一般在10万字左右。教材中只讲述必要的知识和技能，不详细介绍有关的理论，避免多而全，强调有用和实用，从而将最有效的技能传授给受培训者。

易。内容通俗，图文并茂，容易学习和掌握。教材以技能操作和技能培养为主线，用图文相结合的方式，通过实例，一步步地介绍各项操作技能，便于学习、理解和对照操作。

这套教材适合于各级各类职业学校、职业培训机构在开展职业技能短期培训时使用。欢迎职业学校、培训机构和读者对教材中存在的不足之处提出宝贵意见和建议。

劳动和社会保障部教材办公室

简　介

本书是起重机械操作培训教材，主要内容包括：索具与吊具、常用起重工具和小型起重设备、起重机械、起重运输作业、桅杆起重机吊装作业、流动式起重机吊装作业、起重作业和指挥的安全技术与规程等。

本书在编写过程中，力求做到图文并茂、通俗易懂，使读者掌握起重机械的基本操作技能。

本书适合于职业技能短期培训使用。通过使用本书培训，初学者或具有一定基础的人员可以达到上岗的技能要求。

本书由武汉工业职业技术学院吴水萍编写，毛怀新审稿。

目　录

第一单元　索具与吊具

本单元知识点：

- 麻绳的用途、种类及安全使用方法
- 吊具的基本原理、技术规格和使用要求

第一模块　麻　绳

一、麻绳用途及种类

麻绳在起重作业中，一般用于对 500 kg 以内的重物的绑扎与吊装，或用作缆风绳、平衡绳、溜放绳等。它具有轻便、柔软、易捆绑、不损伤工件、价格低等优点，但其强度较低，耐磨性、耐蚀性较差。

麻绳按原料的不同一般可分为白棕绳、混合麻绳和线麻绳等几种，其中白棕绳质量较好，应用较普遍。下面主要介绍前两种：

1. 白棕绳

白棕绳的抗拉力和抗扭力较强，耐腐蚀、耐摩擦、弹性好，在突然受到冲击力的时候不易断裂，所以，在起重作业中用得较多。

2. 混合麻绳

混合麻绳的抗拉力虽然大于白棕绳，但耐久性和抗腐蚀性均较差，只在辅助作业中使用。

麻绳绳股的捻制方法有人工搓捻和机器搓捻两种，机器搓捻均匀、紧密，其破断拉力值较人工搓捻大。麻绳按捻制股数的多少，分为以下几种，如图 1—1 所示。

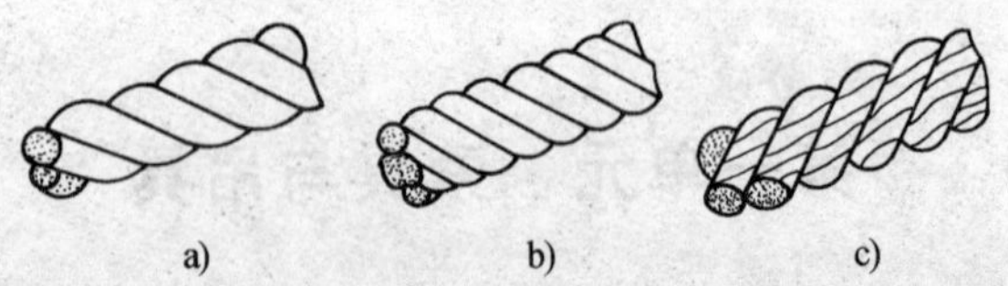

图 1—1　麻绳的种类

白棕绳有浸油白棕绳和不浸油白棕绳之分，浸油白棕绳不易腐烂，但质料较硬，不易弯曲，强度比不浸油者低 10%～20%。未浸油白棕绳受潮后强度下降且易腐烂，使用期限较短。

二、麻绳使用注意事项

1. 新麻绳在开卷使用时，要注意绳头的方向，应将绳卷放在地上，使有绳头的一端在下面，从卷内拉出绳头（见图 1—2）。不要从卷外的绳头拉出，以免打结。

图 1—2　绳卷

2. 绳索需切断使用时，绳头应以铁丝或细绳扎紧，以防止松散。

3. 麻绳一般用于捆绑重量较轻的物件和起重量较小的手动设备及负荷不大的桅杆缆风绳等。机动的起重机械或受力较大的作业不得使用麻绳。麻绳严禁用于机械传动和摩擦大、转速快或有腐蚀性的吊装作业。

4. 麻绳在卷筒上或穿滑轮使用时，卷筒或滑轮的直径应不小于 10 倍绳径，另外，轮槽底径应大于绳径的 1/2。由于麻绳易磨损和破断，在选用滑车时最好选用木制滑车。

5. 不得使用有霉烂或断股的麻绳，不得使麻绳向一个方向连续扭转，以免扭劲或松散。使用中，如发现麻绳有连续向一个方向扭转的情况时，应设法将麻绳抖直。有绳结的麻绳不要穿过滑车等狭窄的地方。

6. 严禁麻绳与锐利的器物直接接触，如果无法避免时，必须衬垫木板或胶皮、麻袋等加以保护。也不要在地面上拖拉，以免磨断麻绳表面的麻纤维，使麻绳的强度降低，寿命缩短。

7. 不要将麻绳与有腐蚀作用的化学物品（如酸、碱）、油漆接触。麻绳在不使用时，应放置在干燥的木板上和通风良好的地方，不能受潮或高温烘烤，以免降低麻绳的强度。

8. 白棕绳多根使用时，各根受力应均匀，且安全系数应比单根使用时取值偏大。

9. 麻绳应存放在通风干燥的地方，不得暴晒或受潮。

三、麻绳的编接方法和常用绳结

1. 麻绳的编接方法

起重作业中由于麻绳的长度不够而需要接长时，可用普通使用的接绳扣方法连接，也可用编接的方法将麻绳连接在一起。编接是将两根麻绳的两头对接起来，成为一根绳子或将麻绳编成绳环。这是一种永久性的连接方法，它比绳扣牢固、美观、使用方便。

2. 常用绳结

麻绳在使用过程中，常常需要结成各式各样的绳结，如物件的捆绑结，绳与吊钩的连接，绳与绳的连接等。表 1—1 所示为起重作业中常用的几种绳结形式。

表 1—1　　　　常见绳结形式

结绳法图示	绳结名称	用途和说明
	平结	用于连接两根粗细相同的麻绳
	活结	用于连接两根须迅速解开的、粗细相同的麻绳

续表

结绳法图示	绳结名称	用途和说明
	对结 （搭索接）	用于连接麻绳或钢丝绳的两端，系钢丝绳时应垫以原木并用钢丝绳夹
	单帆锁结	用于连接麻绳或钢丝绳的两端，系钢丝绳时应垫以原木并用钢丝绳夹
	双帆锁结	用于连接麻绳或钢丝绳的两端，系钢丝绳时应垫以原木并用钢丝绳夹
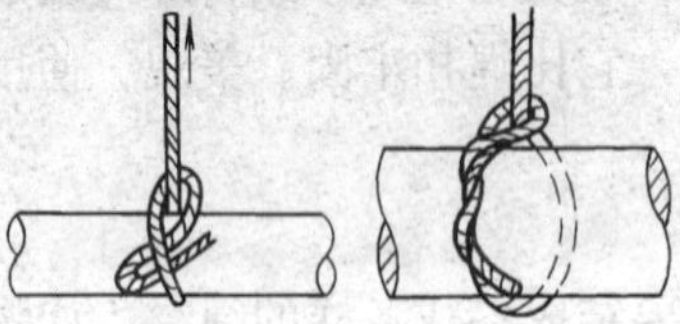	系木结 （背扣）	用于麻绳横向系吊圆木、管子等物件
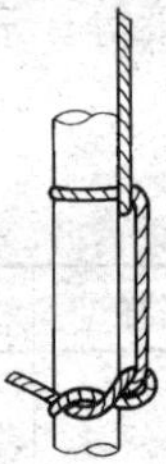	叠结 （拔桩结）	用于麻绳纵向系吊圆木、管子等物件
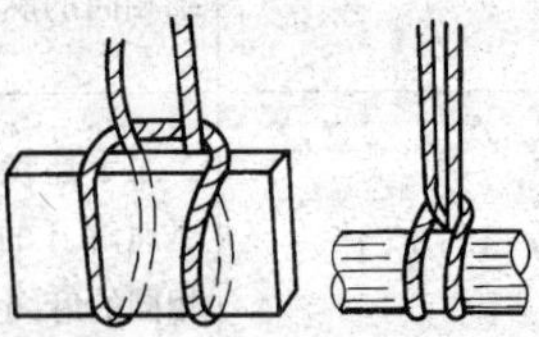	死绳结	用于麻绳或钢丝绳横向系吊物件

续表

结绳法图示	绳结名称	用途和说明
	水手结（单绕索结）	用于设备拖拉和穿挂滑车等
	双绕索结	用于麻绳或钢丝绳中段固接
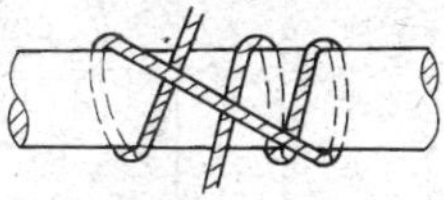	鲁班结	用于麻绳或钢丝绳拔桩、扎桅杆等。绳结紧而不易松
	瓶口结	用于拴绑及起吊圆柱形物体，特点是绳结越拉越紧
	杠棒结	用于抬运物件，具有结绳、解绳迅速的特点
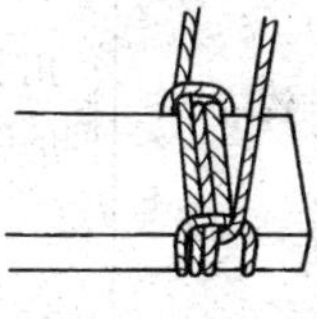	跳板结	用于捆绑跳板，用此结时跳板不易翻转

续表

结绳法图示	绳结名称	用途和说明
	蝴蝶结 （板凳扣）	用于吊人升空作业
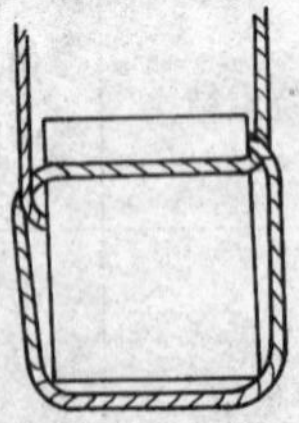	抬缸结	用于抬缸或系吊圆筒铣工内物件
	8字结 （梯形结，猪蹄结）	用于捆绑物件或桅杆绑扎
	双8字结 （双梯形结）	用于捆绑物件或桅杆绑扎
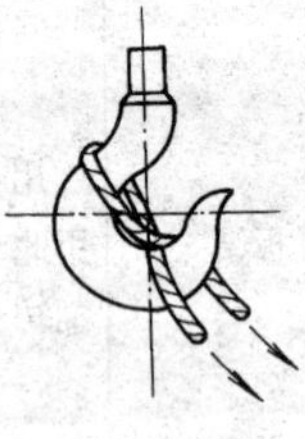	挂钩结	用于绳索与吊钩间的连接

续表

结绳法图示	绳结名称	用途和说明
	拴柱结	用于缆风绳的固定，绳索的溜放

四、麻绳的安全系数、许用拉力及负荷能力的估算

1. 麻绳的安全系数

在制造麻绳时由于各种原因总会存在一些缺陷，如搓捻的不均匀性、麻纤维的损伤等，并在使用中麻绳的磨损以及作业中承受冲击载荷等，这些因素对麻绳的安全使用都有影响。为了保证起重作业安全可靠，麻绳在实际使用中所受的最大拉力应比麻绳的破断拉力小（试验时麻绳被拉断时所承受的拉力）。麻绳的破断拉力与允许承受的最大拉力之比称为麻绳的安全系数。表1—2所示为麻绳在各种使用情况下的安全系数。

表1—2　　麻绳的安全系数

使用情况	绳类名称	
	白棕绳	麻绳
地面水平运输设备	3	5
高空系挂或吊装设备	5	5
用慢速机械操作和绑扎绳	10	不准用

2. 麻绳的许用拉力

为使麻绳能安全可靠地工作，按不同的工作性质，某一规格的麻绳其允许承受的力也有一定的范围。表1—3所示为白棕绳

在各种不同安全系数下的许用拉力值。

表 1—3　　　　　　常用白棕绳许用拉力

直径/mm	质量/(kg/100 m)	最小破断拉力/kN			许用拉力/kN					
					K=3			K=5		
		Ⅰ	Ⅱ	Ⅲ	Ⅰ	Ⅱ	Ⅲ	Ⅰ	Ⅱ	Ⅲ
6	3	4.05	2.68	1.76	1.35	0.89	0.59	0.81	0.54	0.35
8	5	6.66	4.40	2.90	2.22	1.47	0.97	1.33	0.88	0.58
10	7	9.20	6.10	4.00	3.07	2.03	1.33	1.84	1.22	0.80
12	10	11.66	7.55	5.09	3.88	2.52	1.70	2.33	1.51	1.02
14	14	16.30	10.90	7.22	5.43	3.36	2.41	3.26	2.18	1.44
16	18	19.60	13.40	8.71	6.53	4.47	2.90	3.92	2.68	1.74
18	23	24.60	16.60	11.00	8.20	5.53	3.67	4.92	3.32	2.20
20	28	31.20	21.10	13.90	10.40	7.03	4.63	6.24	4.22	2.78
22	34	37.60	24.50	16.80	12.53	8.17	5.60	7.52	4.90	3.36
24	40	43.80	29.60	19.60	14.60	9.87	6.53	8.76	5.92	3.92
26	48	47.90	33.80	22.30	15.97	11.27	7.43	9.58	6.76	4.46
28	55	57.10	38.90	25.60	19.03	12.97	8.53	11.40	7.78	5.12
30	63	66.20	44.50	29.90	22.07	14.83	9.97	13.24	8.90	5.98
32	72	74.40	50.10	33.70	24.80	16.70	11.23	14.88	10.02	6.74
34	81	82.40	55.60	37.40	27.47	18.53	12.47	16.48	11.12	7.48
36	91	90.00	60.90	41.00	30.00	20.30	13.67	18.00	12.18	8.20
40	112	109.70	74.40	50.10	36.57	24.80	16.70	21.94	14.88	10.02
44	136	120.10	81.60	54.90	40.03	27.20	18.30	24.02	16.32	10.98
48	161	140.00	95.60	64.30	46.67	31.87	21.43	28.00	19.12	12.86
52	190	162.00	110.30	74.10	54.00	36.77	24.70	32.40	22.06	14.82
56	220	181.50	112.40	83.70	60.50	37.47	27.90	36.30	22.48	16.74
60	252	207.50	142.50	95.90	69.17	47.50	31.97	41.50	28.50	19.18

注：K 为安全系数；Ⅰ、Ⅱ、Ⅲ为白棕绳等级；规格不明时按Ⅲ内考虑。

3. 麻绳负荷能力的估算

表 1—3 所列的许用拉力值是根据破断拉力及安全系数计算得出的数据。使用中有时只知道麻绳的直径，但不了解麻绳的种类及破断拉力，此时可根据下列经验公式估算麻绳的许用拉力值（在公式中已计入了 5 倍的安全系数）：

$$F=(5\sim7)d^2 \tag{1—1}$$

式中 F——许用拉力（N）；

d——麻绳的直径（mm）。

当 d 在 22 mm 以下时，公式括号中的数取大值；当 d 在 22 mm以上时，公式括号中的数取小值。

例： 有一根直径为 18 mm 的白棕绳，其种类不明，用来吊装 250 kg 的物件，能否安全使用?

解： 利用公式（1—1）进行估算，麻绳的直径在 22 mm 以下，故取大值。

$$F=7\times18^2=2\ 268\ \text{N}$$

250 kg 重物的重力：250×10=2 500 N（其中 10 为安全系数）。

估算结果不能安全吊装。

第二模块 钢 丝 绳

一、钢丝绳的用途、性能、种类、结构及标记方法

1. 钢丝绳的用途和性能

钢丝绳是用优质高强度碳素钢丝捻制而成的，强度高，挠性好，能承受冲击载荷，而且耐磨。钢丝绳是起重机的组成部分，在起重吊装中被广泛应用，它是起重作业中最常用的绳索，用来捆绑、起吊、拖拉重物，或作为起重机、卷扬机等的系紧绳。

2. 钢丝绳的结构、种类和标记

（1）钢丝绳的结构。钢丝绳通常由若干钢丝捻成绳股，再由几个绳股加一根绳芯绕捻而成，也有单股的钢丝绳。起重常用的钢丝绳直径为 6.2～83 mm，所用的钢丝直径为 0.3～3 mm。钢丝绳的标称抗拉强度分为 1 400 MPa、1 550 MPa、1 700 MPa 及 1 850 MPa 四个强度等级。

（2）钢丝绳的种类。

1）按绕捻方法不同可分为左同向捻、右同向捻、左交互捻、右交互捻和混合捻等，如图 1—3 所示。钢丝绳的捻向与钢丝股捻向相反的称交互捻钢丝绳；若两者方向一致，则称为同向捻钢丝绳；相邻两股钢丝的捻向相反的钢丝绳称为混合捻钢丝绳。

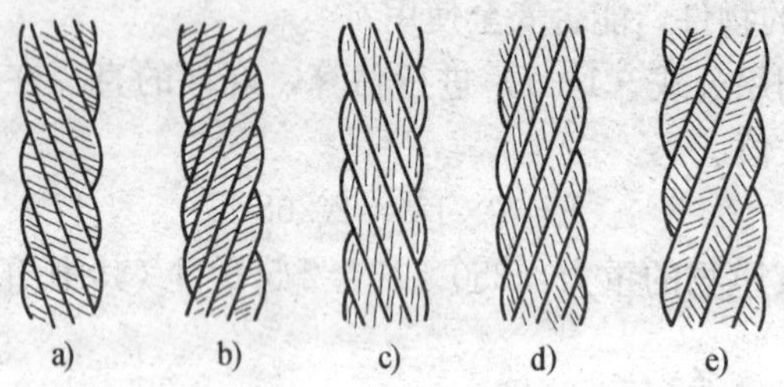

图 1—3　钢丝绳的捻向

a）左同向捻　b）右同向捻　c）左交互捻　d）右交互捻　e）混合捻

同向捻钢丝绳比较柔软，容易弯曲，表面平滑，使用中磨损较小，但这种钢丝绳容易松散和扭结，在悬挂时有较大旋转，特别是扭结后常常会使起重作业不能正常进行，故在起重作业中不常采用。

交互捻钢丝绳由于绳和股的捻向相反，因弹性应力而产生的扭转力方向相反，扭转力互相抵消，不易自行松散，在起重作业中使用的最多。其缺点是挠性较小，表面不平滑，与卷筒和滑轮的接触面积小，磨损较快。

混合捻钢丝绳具有前两种钢丝绳的优点，力学性能也比前两种好，但这种钢丝绳制造工艺复杂，造价较高，因此，在起重作业中较少使用。

2）按钢丝绳绳芯材料的不同可分为麻芯（或棉芯）、石棉芯和金属绳芯三种，它们各有其优缺点：用油浸渍过的麻或棉纱作绳芯的钢丝绳比较柔软，易弯曲，同时绳芯中含油量较多，钢丝绳在使用中受挤压后，绳芯中的油能渗出润滑钢丝绳，但不能在较高的温度下工作，且不能受重压；用石棉作绳芯的钢丝绳可在较高的温度下工作，但也不能受重压；金属芯的钢丝绳可耐重压，并可在较高温度下工作，但钢丝绳刚度大，不易弯曲。

3）按钢丝绳组成的股数不同可分为单股钢丝绳和多股钢丝绳。单股钢丝绳（见图 1—4a）刚度较大，不易弯曲，故不宜作起重绳索，可用作不运动的拉索，如悬挂电线、张拉铁塔、烟囱和电线杆等的拉紧索。多股钢丝绳（见图 1—4b 至图 1—4e）挠性较好，股数越多，则股内钢丝越细，挠性也越好，适宜于作捆绑及起重用绳索。但由于钢丝越细，工作时外层钢丝的磨损也较快，寿命短，故在起重机械及起重作业中以六股钢丝绳应用较多。

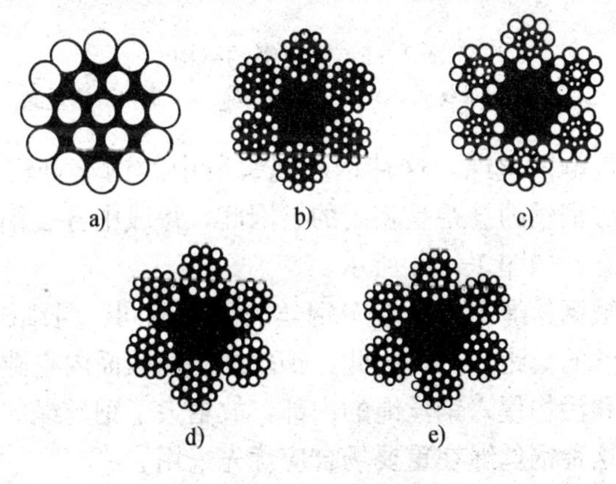

图 1—4　钢丝绳的断面

a）单股钢丝绳　b）多股钢丝绳　c）外粗式线接触钢丝绳

d）粗细式线接触钢丝绳　e）填充式线接触钢丝绳

4）按钢丝绳各层钢丝的直径和钢丝间的接触状况不同，又可以分为点接触钢丝绳、线接触钢丝绳和面接触钢丝绳三种。

①点接触钢丝绳。这种钢丝绳的钢丝直径相同，因捻距或捻向不同使相邻两层钢丝间互相交叉，呈点接触状态，如图 1—5a 所示。当钢丝绳绕过滑轮或卷筒时，钢丝与钢丝的接触处局部应力很大，使钢丝绳的寿命降低。点接触钢丝绳具有制造方便、成本低、挠性好的优点，故在各种起重运输作业中得到广泛的使用，最常用的钢丝绳有 6×19+1，6×37+1，6×61+1。

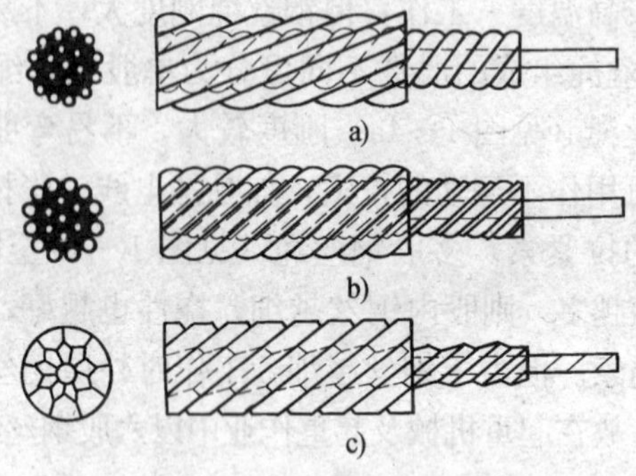

图 1—5　钢丝绳的结构

a）点接触钢丝绳　b）线接触钢丝绳　c）面接触钢丝绳

②线接触钢丝绳。这种钢丝绳每股中的钢丝直径不完全相同，但各层钢丝的捻距是相同的，因此，每股中各层钢丝之间呈线接触状态，如图 1—5b 所示。

线接触钢丝绳由于每股中钢丝的直径不同，粗细配制合理，且各层钢丝的捻距相同，因此，钢丝绳的横截面内空隙较少，能防止水分和污物侵入钢丝绳的内部，故增大了钢丝绳的承载能力和寿命。这种钢丝绳在重要场合应优先采用。

③面接触钢丝绳。面接触钢丝绳（见图 1－5c）结构紧密、强度高、表面光滑无沟、耐磨性好，内芯的钢丝不会磨损。其缺点是挠性差、不易弯曲。这种钢丝绳一般用于架空索道和缆索式

起重机的承载索等。

（3）钢丝绳的标记方法。按 GB/T 8707—1988 标准规定，钢丝绳的标记方法由英文字母与数字相结合的方法来表示。英文字母既可使用大写字母，也可使用小写字母，但两者不可混用，数字必须用阿拉伯数字，见下面的框图。

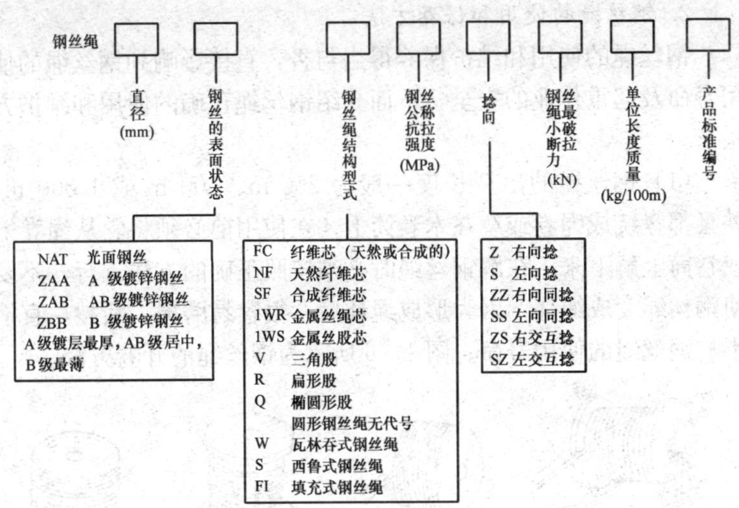

例：钢丝绳直径为 18 mm，光面钢丝、结构型式为 6×19 西鲁式，天然纤维芯，钢丝抗拉强度为 1 670 N/mm^2，右交互捻，最小破断拉力为 178.6 kN，单位长度质量 119.4 kg/100 m，标准 GB/T 8918—1988。

标记为：18NAT6 × 19S ＋ NF1670ZS178.6119.4GB/T 8918—1988。

二、钢丝绳的选择、使用和保养方法

1. 钢丝绳的选择

选择钢丝绳时，应注意以下几点：

（1）根据不同用途选择不同规格的钢丝绳，如作为起吊重物或穿滑车使用，则应选择比较柔软、易弯曲的 6×37＋1 或 6×

61+1 钢丝绳；如作为缆风绳或拖拉绳使用时，可选用挠性较次的 6×19+1 钢丝绳。

（2）根据钢丝绳所承受力的大小，按照钢丝绳许用拉力，选择合适的钢丝绳直径。

（3）选用的钢丝绳必须具有足够的抗弯强度和抗冲击强度。

2. 钢丝绳的使用和保养方法

钢丝绳的使用和维护保养得当与否，直接影响到钢丝绳的使用寿命及起重作业的安全，下面介绍钢丝绳正确的使用和维护方法。

（1）钢丝绳的出厂长度一般为 250 m、500 m 或 1 000 m，并且都盘绕成绳卷或绕在木卷筒上，在使用前必须将它从绳卷上或卷筒上解下来。在解钢丝绳时必须按照正确的方法进行，不要使钢丝绳变成绳环，因为形成绳环后，很容易磨损、断裂，直接影响钢丝绳的使用寿命。图 1—6 所示为钢丝绳的开卷方法。

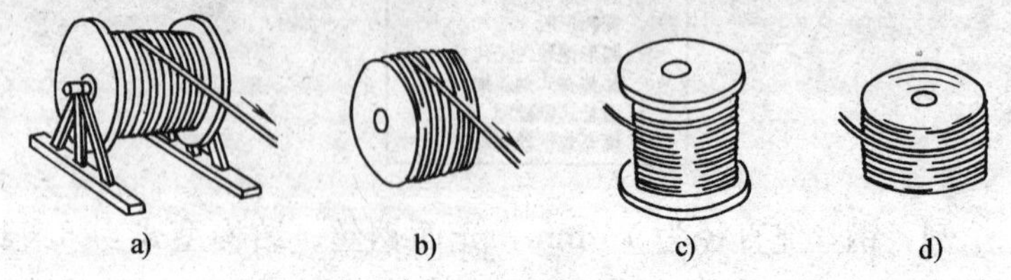

图 1—6　钢丝绳的开卷方法

a)、b) 正确的开卷方法　c)、d) 错误的开卷方法

（2）钢丝绳在使用过程中不要超负荷。在捆绑或吊运重物时，要注意最好不要使钢丝绳直接和物件的尖棱锐角相接触。若必须相接触，在它们的接触处要垫以木板、麻片或其他衬垫物，以免物件的尖棱损坏钢丝绳。捆绑时如多点或多圈受力，则一定要使钢丝绳受力均匀。如果不按以上要求使用，虽不一定立即使钢丝绳断裂，但会使它拉伸变形或造成局部损伤，大大降低其使用寿命。

(3）钢丝绳穿用的滑车，其边缘不应有破裂或缺陷。

(4）钢丝绳在使用中，特别是在运动中不要和其他物件摩擦，以免直接降低其使用寿命。

(5）使用于高温物体上的钢丝绳，必须采取隔热措施，以免钢丝绳受高温后降低强度。

(6）钢丝绳禁止与带电的金属（包括电焊线、电线等）接触，以免烧坏或受热后降低抗拉强度。

(7）日常使用的钢丝绳必须经常检查，检查端部的固定连接、平衡滑轮，并作出安全性判断。

(8）应防止钢丝绳与酸、碱等有腐蚀作用的物质接触，以免受腐蚀而降低其强度。

(9）安装钢丝绳时，不应在不洁净的地方拖拽，应防止划、磨、碾压和过度弯曲。

(10）钢丝绳在使用一段时间后，必须加润滑油。加润滑油一方面可以防止生锈，另一方面钢丝绳在使用过程中它的每股子绳间或同股钢丝间会互相产生滑动摩擦，特别是钢丝绳在受到弯曲时，摩擦更加激烈，加润滑油后可以减少这种摩擦。

在加润滑油前，应用钢丝刷子和柴油把钢丝绳上黏附的泥土、铁锈或其他脏物清涂干净，然后，用硬毛刷或棉丝团把润滑油涂在钢丝绳上。润滑油可选用钢丝绳油脂或无水、不含酸性、碱性的其他油脂。

(11）领取钢丝绳时，必须检查该钢丝绳的合格证，以保证力学性能及规格符合使用要求。

(12）存放钢丝绳时，要先按上述方法清除绳上的脏物并涂上油，然后，盘绕成圈，存放在干燥通风的地方，在钢丝绳的下面应垫上木板或枕木，并应定期进行检查。

三、钢丝绳末端的连接方法

钢丝绳在起重作业中担负着很重要的作用，除用作起重机和卷扬机的起重绳索外，在起重吊装作业中还常把钢丝绳与吊环、卸扣等连接起来，做成各种吊索，以适于各种物件的起吊、捆绑或作其他用途。例如，将钢丝绳的两端连接起来，做成一个环，或将钢丝绳的两端各做成环，也可将钢丝绳一端弯成环，与吊钩或其他取物装置连接。图 1—7 所示为起重作业中常见的几种吊索环形式。

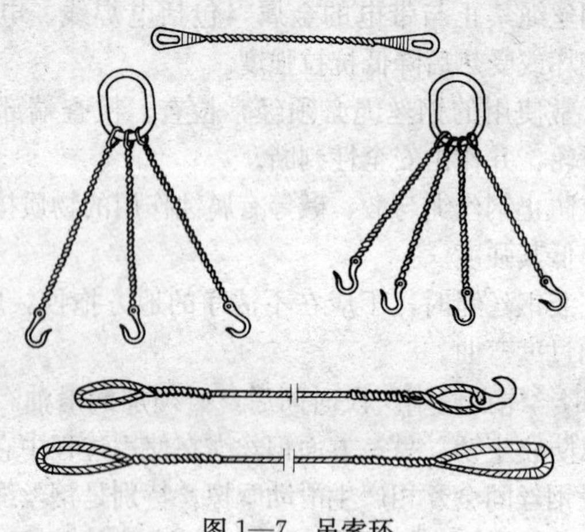

图 1—7　吊索环

钢丝绳在使用时需要与其他承载零件连接，常用连接方法有以下几种：

1. 编绕法

如图 1—8a 所示，将钢丝绳的一端绕过心形套环后与工作分支用细钢丝扎紧，捆扎长度 $L=(20\sim25)d$（d 为钢丝绳直径），同时不应小于 300 mm。

2. 楔形套筒固定法

如图 1—8b 所示，将钢丝绳的一端绕过一个带槽的楔子，然后将其一起装人一个与楔子形状相配套的钢制套筒内，这样钢丝绳在拉力作用下便越拉越紧，从而使绳端固定。此法装拆简便，但不适用于受冲击载荷的作业。

3. 绳卡固定法

如图 1—8c 所示，将钢丝绳的一端绕过心形套环后用绳卡紧固。常用的钢绳卡有骑马式、握拳式和压板式，其中应用最广泛的是骑马式。

用绳卡连接钢丝绳既牢固又拆卸方便，但由于绳卡螺栓使钢丝绳运动受到阻碍，如不能穿过滑轮、卷筒等，其使用范围受到限制。绳卡连接常用于缆风绳、吊索等固定端的连接上，也常用于钢丝绳捆绑物体时的最后卡紧。

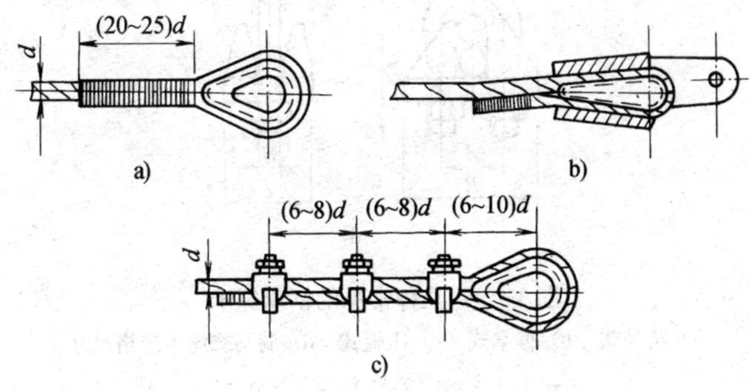

图 1—8　钢丝绳末端固定法

a）编绕法　b）楔形套筒固定法　c）绳卡固定法

最常用的钢丝绳卡是骑马式钢丝绳卡，它是一种连接力很强的标准绳卡。这种绳卡表面镀锌，有较好的防锈能力。除骑马式绳卡外还有 L 形及 U 形钢丝绳卡，这两种绳卡使用较少。图 1—9 所示为几种常见的钢丝绳卡。

绳卡在使用时要注意以下几点：

（1）绳卡的规格大小应与钢丝绳直径相符，严禁代用（大代小或小代大）或在绳卡中加垫料来夹紧钢丝绳。使用时绳卡之间排列间距为钢丝绳直径的 8 倍左右，且钢丝绳的末端距第一个钢丝绳卡的最小距离应在 140～160 mm 之间。绳卡使用的数量应根据钢丝绳直径而定，见表 1—4。

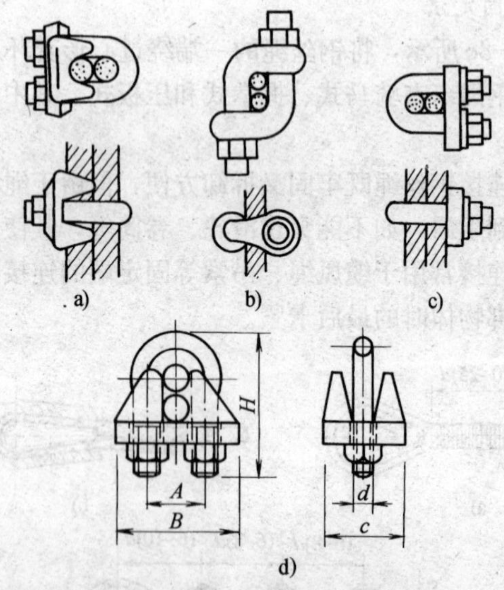

图 1—9　几种常见的钢丝绳卡

a）骑马式　b）握拳式　c）压板式　d）骑马式绳卡规格尺寸

表 1—4　　　　用钢丝绳卡连接时的绳卡数

钢丝绳直径/mm	7～16	19～27	28～37	38～45
绳卡数量/个	3	4	5	6

注：绳卡间距不应小于钢丝绳直径的 6 倍。

（2）使用绳卡时，应将 U 形环部分卡在绳头（即活头）一边，这是因为 U 形环对钢丝绳的接触面小，使该处钢丝绳强度降低较多，同时，由于 U 形环处被压扁程度较大，若钢丝绳有滑移现象，只能在主绳一边，对安全有利。

（3）绳卡螺栓应拧紧，以压扁钢丝绳直径的 1/3 左右为宜，绳卡使用后要检查螺栓丝扣有无损坏。暂不用时，在丝扣部位涂上防锈油，分类保存在干燥处。

（4）由于钢丝绳受力产生拉伸变形后，其直径会略为减小，因此，对绳卡须进行二次拧紧。对中、大型设备吊装，还可在绳尾部加一个观察用保险绳卡，如图 1—10 所示。

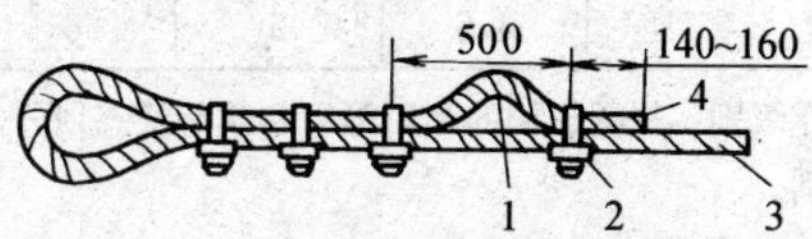

图 1—10　保险绳卡示意图

1—安全弯　2—保险绳夹　3—主绳　4—绳头

(5) 对大型重要设备的吊装或绳卡螺栓直径 $d \geqslant 20$ mm 时，当钢丝绳受力后，应对尾卡螺栓再次拧紧。

四、钢丝绳的许用拉力

钢丝绳和麻绳一样，某一规格的钢丝绳允许所受的最大拉力是有一定限度的，超过这个限度，钢丝绳就会被破坏或拉断，钢丝绳被拉断时所受的力称为破断拉力。在使用中为确保起重作业的安全可靠，钢丝绳允许所受的力（称许用拉力）只是破断拉力的几分之一。破断拉力与许用拉力之比称为安全系数，用公式表示如下：

$$K=\frac{F_b}{F} \tag{1—2}$$

式中　K——钢丝绳的安全系数；

F_b——钢丝绳的破断拉力（N）；

F——许用拉力（N）。

若要计算许用拉力可按下式计算：

$$F=\frac{F_b}{K}$$

钢丝绳作不同用途时，其安全系数也不同，设立安全系数的目的是确保起重作业的安全可靠。钢丝绳安全系数的选用应符合国家标准 GB 6067—1985 中的有关规定，钢丝绳作不同用途时的安全系数见表 1—5、表 1—6。

表 1—5　　　　机构用钢丝绳安全系数

机构工作级别	M_1、M_2、M_3	M_4	M_5	M_6	M_7	M_8
安全系数	4	4.5	5	6	7	9

注：①机构工作级别：根据机构的利用等级和载荷状态划分，共分为 M_1～M_8 八个工作级别。

②对于吊运危险物品的起升钢丝绳，一般应用比设计工作级别高一级的工作级别的安全系数。对起升机构工作级别为 M_7、M_8 的某些冶金起重机，在保证一定寿命的前提下，允许用低的工作级别的安全系数，但是最低安全系数不得小于 6。

③臂架伸缩用的钢丝绳，安全系数不得小于 4。

表 1—6　　　　其他用途钢丝绳的安全系数

用途	安全系数
支撑动臂用	4
起重机械自身安装用	2.5
缆风绳	3.5
吊挂和捆绑用	6

本书附录中提供了几种型号规格的钢丝绳参数，可以通过钢丝绳的直径和安全系数直接查出许用应力。

例如，有一钢丝绳为 6×19－20－1 700，用来吊挂重物，选用安全系数 $K=6$，其许用拉力在附表 3 中查得 $F=36.4$ kN。

要对钢丝绳的破断拉力作精确的计算是比较困难的，只能进行近似的计算。但在作业现场，一般都缺少钢丝的公称抗拉强度数据，因此，就不能应用一般的公式进行计算，而且计算也比较繁琐，同时，在起重作业中也不要求精确的数值，大多数情况下采用查表和估算的方法取得有关数值。

五、吊装千斤绳的计算

在起吊重物时，所用的千斤绳的受力除与重物有关外，还与铅垂线间的夹角 α 有关。α 越大，千斤绳所受的力也越大；反之，夹角越小，千斤绳所受的力也越小。当夹角为 0°时，千斤

2. 结构破坏

（1）钢丝绳在使用过程中，有时会出现钢丝绳的整股断裂或钢丝绳的绳芯被挤出，这样的钢丝绳应报废。

（2）有时整股绳没有完全断裂，而是断了其中一部分钢丝，在钢丝绳一个捻距全长中钢丝断裂的根数超过规定时，钢丝绳也应予报废。断丝报废标准见表1—8及图1—13。

表1—8　钢丝绳断丝报废标准

钢丝绳最初的安全系数	钢丝绳结构					
	6×19		6×37		6×61	
	在一个捻距全长中破断钢丝根数					
	交互捻	同向捻	交互捻	同向捻	交互捻	同向捻
6以下	12	6	22	11	36	18
6～7	14	7	26	13	38	19
7以上	16	8	30	15	40	20

（3）运输或吊装金属溶液、灼热金属、含酸、易燃和有毒物品的钢丝绳，在一个捻距内钢丝破断达到表1—8中所列数值的1/2时，钢丝绳就应报废。

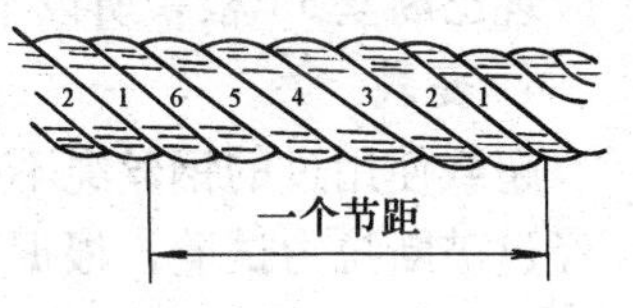

图1—13　钢丝绳的节距

3. 表面腐蚀

钢丝绳经过长期使用后，由于受自然和化学腐蚀，钢丝的表面会出现因腐蚀引起的麻点。当整根钢丝绳的外表面受腐蚀而形成的麻点达到肉眼很容易看出时，钢丝绳就不能继续使用，应予报废。同时，钢丝绳在使用过程中还产生磨损，降低了钢丝绳的破断拉力，钢丝绳表面磨损和腐蚀时，应将表1—8中的报废断丝数按表1—9折减，并按折减后的断丝数确定报废。

表 1—9　　折减系数表

钢丝表面磨损或腐蚀量/%	折减系数/%
10	85
15	75
20	70
25	60
30～40	50
≥40	0

注：吊运灼热金属或危险品的钢丝绳的报废断丝数，取一般起重机钢丝绳报废断丝数的一半，其中包括钢丝表面磨损与腐蚀进行的折减。

例：有一条 6×19 的交互捻千斤绳，发现在一个节距内有 11 根断丝，同时表面磨损达 20%，此千斤绳应否报废?

解：千斤绳的使用安全系数为 6，查表 1—8，报废标准为 14 根断丝，因为同时有磨损，所以应按表 1—9 折减，磨损 20% 时，报废标准应降低至 70%，降低后的报废标准为

$$14\times70\%=9.8$$

现已断丝 11 根，所以千斤绳应予报废。

4. 超载

超载使用过的钢丝绳不得再继续使用，如需要继续使用，必须经过破断拉力试验，根据试验情况降级使用。在不能确定是否经过超载使用时，可通过外观观察来判断，如钢丝绳外表是否有严重的变形、结构破坏、绳芯挤出和有明显的卷缩、堆聚现象等。

第三模块　吊　　具

一、卸扣

卸扣又称卸甲或卡环，如图 1—14 所示，它是起重作业中用

得最广泛且使用方便的栓联工具。卸扣由弯环和横销两部分组成，弯环有直环形和马蹄形两种；横销有螺纹式和销孔式等。其中螺纹式装卸方便，是最常用的卸扣。

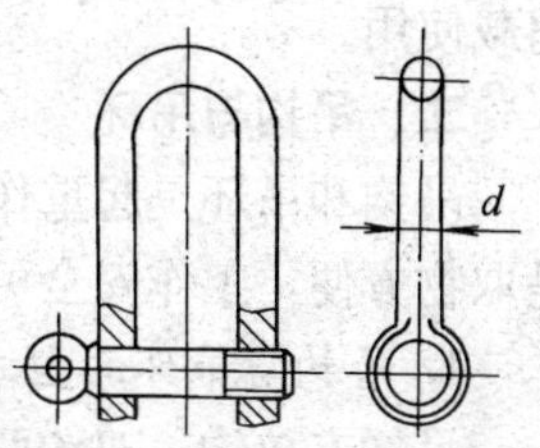

图 1—14　螺旋式卸扣

卸扣承载能力一般为 10～50 kN，最大可达几千千牛。卸扣的强度主要取决于弯环直径的大小，若作业现场对卸扣许用载荷不清楚，可根据以下经验公式估算。

$$Q=6d^2 \tag{1—3}$$

式中　Q——卸扣许用载荷（N）；

d——卸扣弯环的弯曲部分直径（mm）。

使用卸扣时，其连接的绳索或吊环应一根套在弯环上，一根套在横销上，不允许分别套在卸扣的两处直段上使卸扣受横向力，如图 3—15b 所示。卸扣使用完毕应随时将横销插入弯环内，螺纹部分应涂润滑油，拧好丝扣，放置于干燥处保存。除特别吊装外，不得使用横销无螺纹卸扣。必须使用时要有可靠的安全保障措施，防止横销滑出。另外，应注意，有些卸扣的弯环和横销的材质不相同，当卸扣的横销损坏或遗失后，不可随便选用与弯环材质相同的材料自行加工一个代用，以免发生事故。卸扣不准

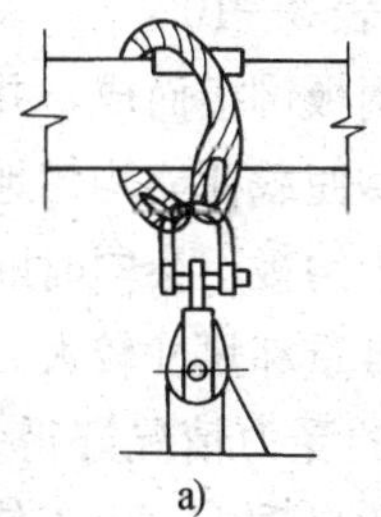
a)

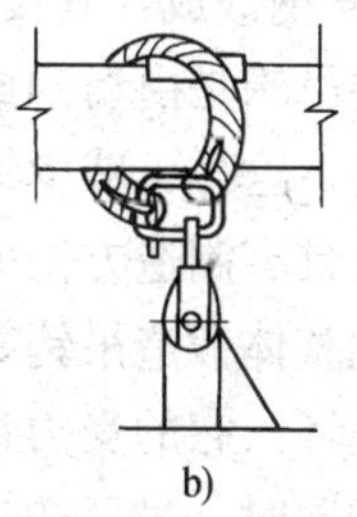
b)

图 1—15　卸扣的安装

a）正确　b）错误

超载使用。

二、吊钩与吊环

吊钩和吊环是起重作业中比较常用的吊物工具，它们的优点是取物方便，工作安全可靠。

1. 吊钩与吊环的型式

吊钩有单钩、双钩两种，如图 3—16 所示。

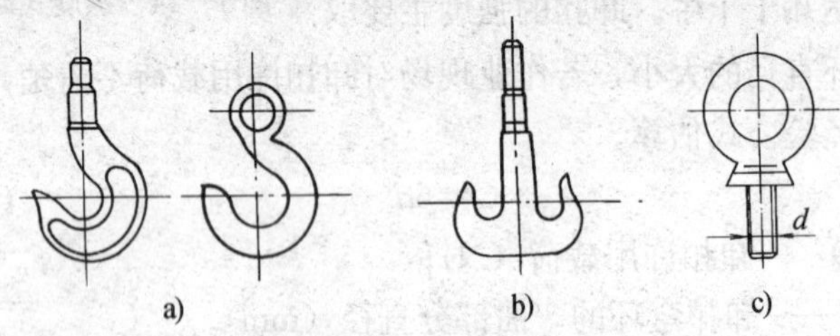

图 1—16　吊钩与吊环

a）单钩　b）双钩　c）吊环

（1）单钩。这是一种比较常用的吊钩，它的构造简单，使用也较方便，但受力面比较小，材质多用 20 号钢锻制而成，最大起重量不超过 80 t。

（2）双钩。起重量较大时，多用双钩起吊，它受力均匀对称。一般大于 80 t 的起重设备，都采用双钩起吊。双钩的材质也是用 20 号钢锻成，其技术规格，见表 3—10。

叠片式吊钩是由切割成形的多片钢板铆接而成，并在吊钩口上装有护垫，这样可减少钢丝绳磨损，使载荷能均匀地传到每片钢板上。它具有制造方便的优点。由于钩板不会同时断裂，故工作可靠性比整体锻造吊钩好，缺点是自重和尺寸较大。

（3）吊环。它的受力情况比吊钩的受力情况好得多，因此，当起重量相同时，吊环的自重比吊钩的自重小。由于使用吊环起吊设备时，其索具只能用穿入的方法系在吊环上，因此，用吊环吊装不如吊钩方便。

表 1—10　　　　双钩的主要技术规格

设备种类	起重量/t	型式		主要尺寸/mm			质量/kg
				D	s	t	
电动葫芦	0.1，0.25	锻造单钩	短钩型	20	14		0.32
	0.5			30	22		0.45
	1			40	30		1.2
	2			50	40		2.5
	3			60	50		3.2
	5			75	60		7
	10		长钩型	100	80		22
桥式起重机	3			65	50		8
	5			85	65		15
	8			110	85		30
	12.5		短钩型	120	100		40
	16			150	120		55
	20			170	130		84
	32			210	160		185
	50			270	205		319
	75	双钩	锻造	240		435	471
	100	双钩	叠片	250		550	1 200

注：表中 D 为弯钩直径，s 为弯钩开口尺寸，t 为弯钩厚度。

吊环通常用在电动机、减速机的安装，维修时作固定吊具使用。吊环的安全承载力可按表 1—11 确定。

表 1—11　　　　吊环的允许载荷表

丝杆直径 d/mm	允许负荷/N		丝杆直径 d/mm	允许负荷/N	
	垂直吊重	允许 60°吊重		垂直吊重	允许 60°吊重
M12	1 500	900	M22	9 000	5 400
M16	3 000	1 800	M30	13 000	8 000
M20	6 000	3 600	M36	24 000	14 000

2. 吊钩、吊环的使用要点

（1）起重吊装作业使用的吊钩、吊环，其表面要光滑，不能有剥裂、刻痕、锐角、接缝和裂纹等缺陷。

（2）吊钩、吊环不准超负荷进行作业。

（3）要定期进行检查，如发现危险截面的磨损高度超过10%时，应立即降低负荷后再使用。

（4）使用吊钩与重物吊环相连接时，必须保证吊钩的位置和受力符合要求。

（5）对无铭牌标注和无出厂合格证的吊钩、吊环，需要进行强度试验。试验拉力为额定载荷的 1.25 倍，持续时间为10 min。负荷卸除后不得有残余变形、裂纹等，经试验确认后方可使用。

（6）严禁在吊钩、吊环上焊接或钻孔，严禁用焊接补强等修补吊钩、吊环及吊架的缺陷。

（7）在受力变化较大或高空作业时，不得使用吊钩型滑车，而应采用吊环型滑车。

三、平衡梁

平衡梁又称横吊梁或铁扁担，一般可分为支撑式和扁担式两类，如图 1—17 所示。

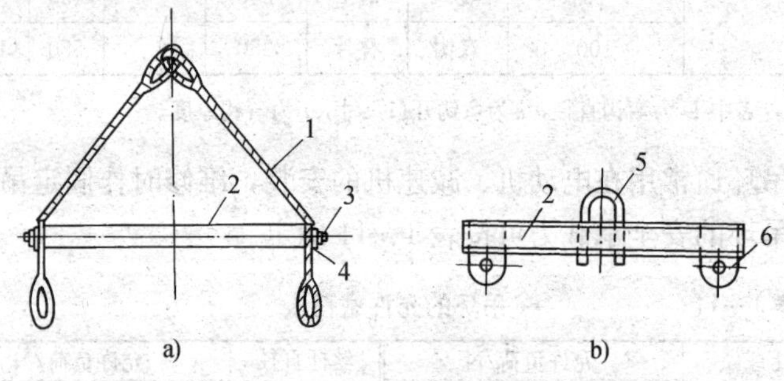

图 1—17　平衡梁的种类

a）支撑式平衡梁使用示意图　b）扁担式平衡梁示意图

1—吊索　2—横吊梁　3—螺母　4—压板　5—吊环　6—吊耳

支撑式平衡梁吊索较长，它主要用作改变受力方向，由横梁承受轴向压力，使用时吊索与平衡梁的水平夹角不能太小，以避免轴向压力太大，使平衡梁产生变形。一般吊索的水平夹角以45°～60°为宜，如果夹角较小，则应用卸扣将挂在吊钩上的两绳扣锁在一起，防止吊索脱钩。

扁担式平衡梁吊索较短，且不产生水平分力，主要传递荷载，由平衡梁承受弯矩，多用于吊装大型桁架、屋架等，如图1—18所示。

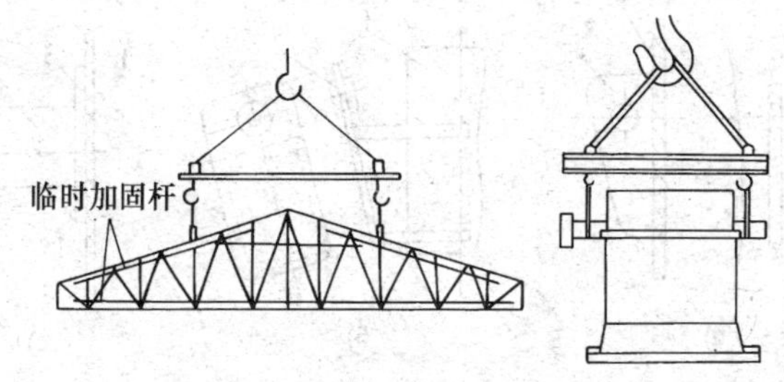

图1—18　用平衡梁吊装屋架及其他设备

横吊梁的作用是：

（1）当设备或构件长而大且又不允许受纵向水平分力时，用以承担分力。

（2）对大型精密设备吊装时，用以将钢丝绳撑开，防止设备受磨损。

（3）用以减少吊装高度，充分发挥起重机性能。使用和不使用平衡梁的对比如图1—19所示。

（4）多机抬吊时平衡各台起重机的受力。

（5）满足特殊构件及设备吊装要求。

（6）采用平衡梁吊装，使被吊装的大型金属结构和组合件受力合理，减少设备的变形等，相当于对其进行了加强。

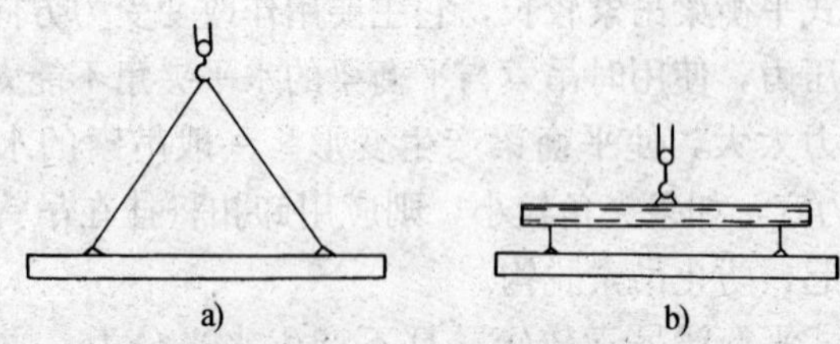

图 1—19 使用和不使用平衡梁对比

a）采用吊索时的情况 b）采用平衡时的情况

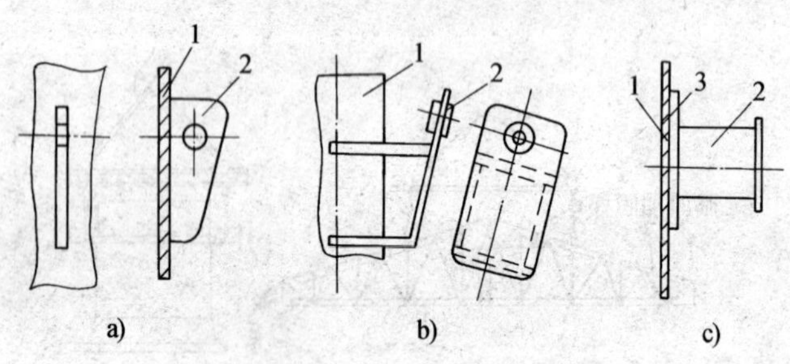

图 1—20 焊接吊耳

a）力板式 b）斜板式 c）管轴式

1—设备 2—吊耳 3—加强板圈

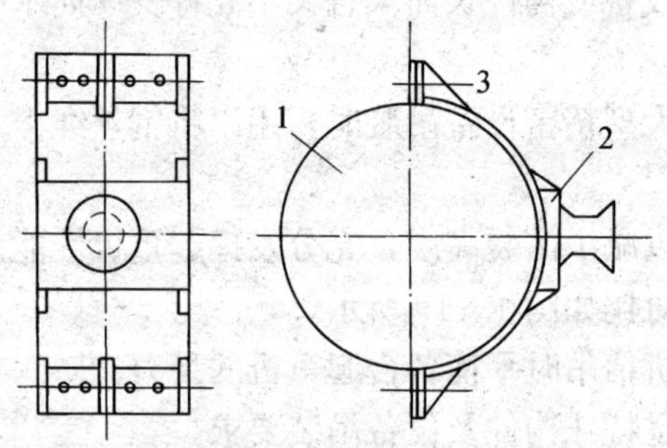

图 1—21 卡箍式吊耳

1—设备 2—卡箍吊耳 3—连接螺栓

四、吊耳

吊耳分焊接吊耳和卡箍式吊耳两种，如图 1—20、图 1—21 所示。焊接吊耳又分板式吊耳和管轴式吊耳，目前以管轴式吊耳应用较普遍。焊接吊耳一般根据设备吊装方案的要求，按一定方位和高度焊在设备本体上。吊耳应在制造设备时就将其焊接在设备上，这样在现场对设备进行热处理时可消除因焊接产生的内应力。卡箍式吊耳对设备质量不会产生影响，使用方便，能多次重复使用，特别是对于薄壁塔类设备的吊装更为合适。此种吊耳尽管一次性造价较高，但由于它有许多优点，仍是今后发展的方向。

练 习 题

1. 麻绳在起重作业中有什么作用？它有什么特点？

2. 浸油白棕绳和不浸油白棕绳有什么区分？

3. 麻绳在使用中应注意哪些事项？

4. 有一根 ϕ20 mm 的白棕绳，其种类不明，用来吊装300 kg 重的物体，能否安全使用？

5. 为什么在起重作业中广泛使用钢丝绳？

6. 同向捻钢丝绳、交互捻钢丝绳、混合捻钢丝绳各自的特点是什么？在起重作业中使用情况如何？

7. 如何选用钢丝绳？

8. 钢丝绳卡在具体使用时应注意哪些问题？

9. 有一钢丝绳为 24.5－6×19－1 550 用来吊挂重物，选用安全系数 $K=6$，其许用拉力是多少？

10. 有一物体重 2 t，用 4 根千斤绳起吊，千斤绳与垂线间的夹角为 15°，问需选用多粗的 6×19 的钢丝绳？（钢丝绳的抗拉强度为 1 700MPa）

11. 卸扣的作用是什么？由哪几部分组成？

12. 吊钩、吊环在使用时有哪些要点？

13. 横吊梁的作用是什么？

第二单元　常用起重工具和小型起重设备

本单元知识点：

- 小型起重工具和设备的构造、原理及使用注意事项

第一模块　滑车与滑车组

滑车与滑车组是起重运输及吊装工作中常用的一种小型起重工具，用它和卷扬机配合进行吊装、牵引设备或重物。由于它体积较小，结构简单，使用方便，并且能够用来多次改变牵引绳索的方向和起吊较大的重物，所以当施工现场狭窄或缺少其他起重机械时，常用滑车或滑车组配合卷扬机和桅杆进行设备牵引和起重吊装工作。

一、滑车组的构造和分类

滑车组由吊钩（链环）、滑轮、轴、轴套和夹板等组成，滑轮在轴上可自由转动，在滑轮的外缘上有环形、半圆形槽，作为钢丝绳的导向槽。钢丝绳安装在半圆形槽中，滑轮槽尺寸应能保证钢丝绳顺利绕过，并且使钢丝绳与绳槽的接触面积尽可能大。因钢丝绳绕过滑轮时要产生变形，故滑轮槽底半径应稍大于钢丝绳的直径。滑车要用球墨铸铁制造，因为球墨铸铁强度较高且具有一定韧性，使用时不宜破裂。

滑车按作用来分，可分为定滑车、动滑车、滑车组、导向滑车及平衡滑车；按滑车的轮数可分为单轮滑车（单轮滑车的夹板有开口和闭口两种）、双轮滑车、三轮滑车和多轮滑车；按滑车

与吊物的连接方式，又可将滑车分为吊钩式、链环式和吊梁式等几种。滑车代号表示方法如下：

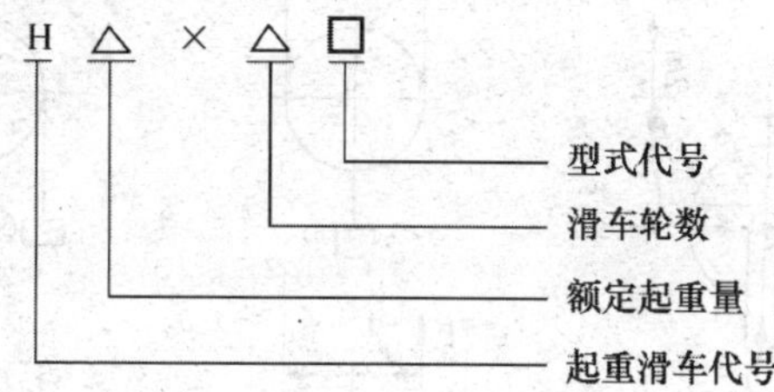

型式	开口	吊钩	链环	吊环	吊梁	桃式开口	闭口
代号	K	G	L	D	W	KB	不加 K

例如：H10×1G 表示为额定起重量为 10 t 的单钩闭口吊钩型滑车；H5×4D 表示额定起重量为 5 t 的四轮吊环型滑车。

二、滑车与滑车组的作用及力的计算、起重钢丝绳长度计算

1. 定滑车

定滑车是安装在固定位置的滑车，如图 2—1 所示。它能改变拉力方向，但不能减少拉力。

起重作业中，定滑车用以支持绳索运动，作为导向滑车和平衡滑车使用。当绳索受力移动时，滑轮随之转动，绳索移动速度 V_1 和移动距离 H，分别和重物的移动速度 V 和移动距离 h 相等。即：

$$H=h;\ V_1=V$$

图 2—1　定滑车

滑轮在转动时，因摩擦力等存在一定运动阻力，滑轮上两绳索的拉力不相等，绳索拉力 P 大于载荷力 Q，即 $P>Q$。

2. 动滑车

动滑车能和被牵引物体一起移动，如图 2—2a 所示。它能减少拉力，但不改变拉力方向。动滑车有省力动滑车和省时动滑车

（又称增速动滑车）之分。

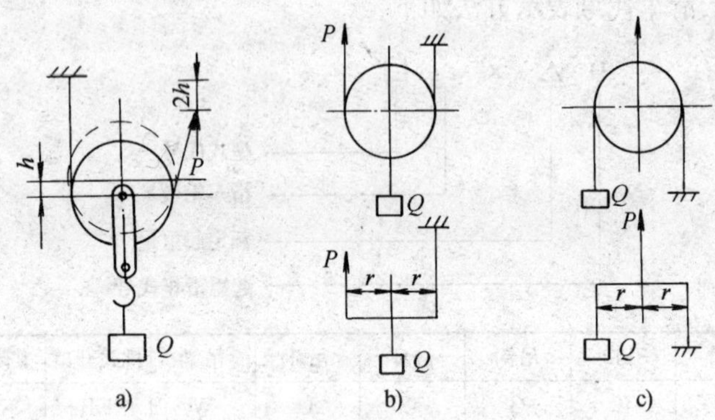

图 2—2　动滑车、省力动滑车和省时动滑车

a）动滑车　b）省力动滑车示意图及其受力简图

c）省时动滑车示意图及其受力简图

（1）省力动滑车。如图 2—2b 所示。其省力原理是：载荷同时被两根绳索所分担，每根绳索只承担载荷的一半。

（2）省时动滑车。如图 2—2c 所示，拉力 P 作用在动滑车上，这样动滑车被提升 1 m 时，重物就上升 2m，重物上升的速度是滑车上升速度的两倍，当然，同时拉力也增加了一倍。在起重作业中，此种滑车用得不多。

（3）导向滑车。其作用类似于定滑车，既不省力，也不能改变速度，仅用它来改变牵引设备的运动方向，在安装工地或牵引设备时用得较多。导向滑车所受力的大小除了与牵引绳拉力大小有关外，还与牵引夹角有关，其受力计算公式（见图 2—3）为：

$$P=P_1\times Z \quad (2—1)$$

式中　P——导向滑车所受的力（kN）；

P_1——牵引绳的拉力（kN）；

Z——角度系数（见表 2—1）。

表 2—1　　角度系数值

α	0°	15°	22.5°	30°	45°	60°
Z	2	1.94	1.84	1.73	1.41	1

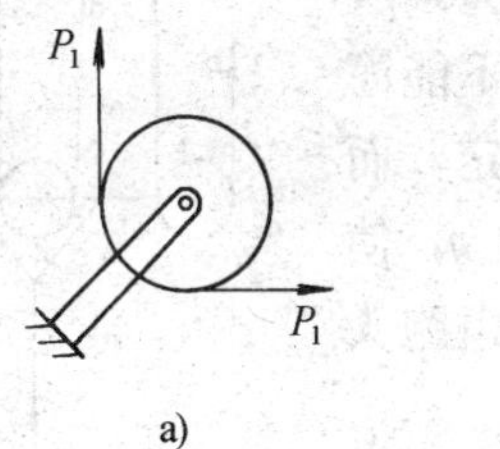

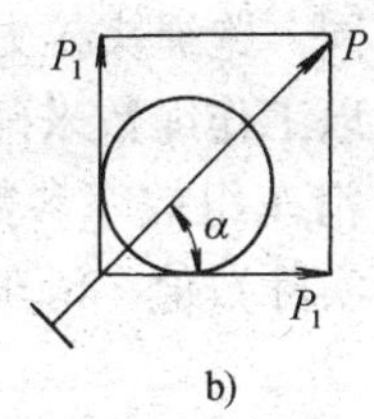

图 2—3　导向滑车

a）导向滑车示意图　b）受力简图

例：在吊装 200 t 的桥式起重机时，使用一导向滑车，跑绳拉力 P_1 为 70 kN，跑绳的转折角为 90°（即夹角为 45°时），试求需要多大规格的导向滑车。

解：根据题意，先选择角度系数 Z，已知转折角为 90°，α 夹角为 45°，查表 2—1 得 $Z=1.41$，代入式（2—1）中：

$$P= P_1\times Z=70\times 1.41=98.7\ \text{kN}$$

答：根据计算结果，需选择承载 100 kN 的导向滑车。

（4）滑车组。滑车组由一定数量的定滑车和动滑车以绳索穿绕连接而成，作为整体使用的起重机具。滑车组兼有定滑车和动滑车的优点，既可省力，又可改变力的方向，且可以组成多门滑车组，以达到用较小的力起吊较重物体的目的。如实际工作中，仅用 0.5～15 t 的卷扬机牵引滑车组的出端头，就能吊起3～500 t重的设备。

滑车组的计算：

如图 2—4 所示，单联滑车组中，设载荷为 Q，滑车组中动滑轮上的绳数为 n，若不考虑各滑轮的阻力，则每分支的拉力相等，即：

$$S_1=S_2=S_3=\cdots=S_n=Q/n \qquad (2—2)$$

因为每个滑轮处都存在摩擦力，滑轮绳索一端的拉力大于被吊重物的重力，即滑车组工作时，每根绳索所受拉力并不相同，跑绳头拉力不能简单地将载荷除以工作绳数来确定，而是应加入一个滑车组效率参数 η，使计算近似等于实际数值。滑车组跑头拉力公式为：

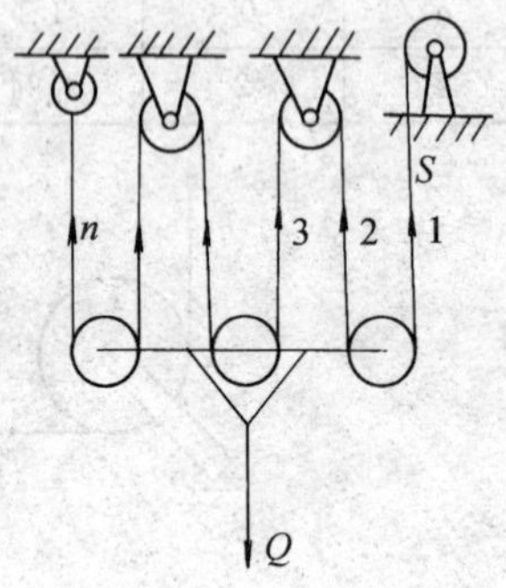

图 2—4　滑车组的效率

$$S=\frac{Q}{n\eta} \qquad (2—3)$$

式中　S——出绳头拉力；

Q——载荷；

n——动滑车上的工作绳数；

η——滑车组的总效率系数，$\eta=\eta_1\eta_2\eta_3\eta_4\cdots$。

例：如图 2—5 所示的滑车组，用来吊装计算质量 $Q=40$ t 的设备，图 2—5a 中滑车组的总效率 $\eta=0.84$，图 2—5b 中滑车组的总效率 $\eta=0.9$，问这两个滑车组引向卷扬机的出绳头拉力 S 分别为多少？

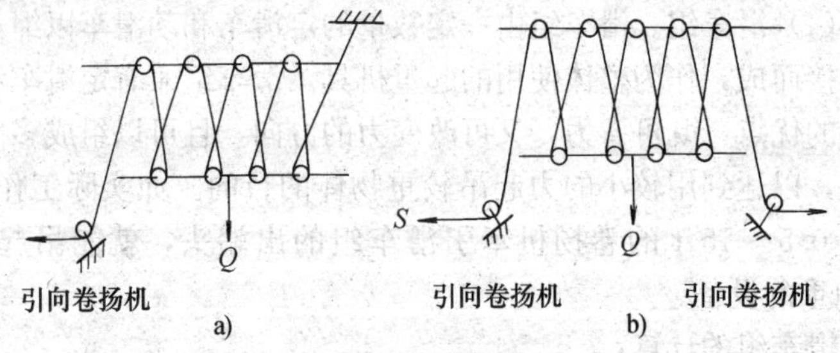

图 2—5　滑车组引向卷扬机绳头拉力的计算

解：已知吊装质量 $Q=40$ t，滑车组的效率分别为 0.84、0.9，工作绳数为 8，则：

$$S_a=\frac{Q}{n\eta}=\frac{40}{8\times0.84}\approx5.95\ \text{t}$$

$$S_b=\frac{Q}{n\eta}=\frac{40}{8\times0.9}\approx5.56\ \text{t}$$

答：引向卷扬机出绳头拉力分别约为 5.95 t 和 5.56 t。

（5）起重钢丝绳的长度计算。起重钢丝绳的长度可用以下公式进行计算。

$$L=n\ (h+3d)\ +I+10 \tag{2—4}$$

式中 L——钢丝绳的长度（m）；

n——工作绳数；

h——提升高度（m）；

d——滑轮直径（m）；

I——定滑车至卷扬机之间的距离（m）。

例：如图 2—6 所示的滑车组，其滑轮的直径为500 mm，挂在高 12 m 的桅杆上，把一设备从地面提升到8 m高的地方，滑车组至卷扬机之间距离 $I=$ 12 m。试计算起重钢丝绳的长度。

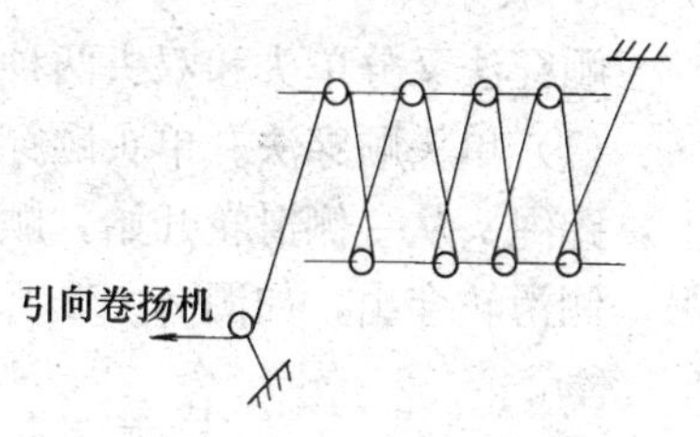

图 2—6 滑车组起重钢丝绳长度的计算

解：已知滑车直径 $d=$ 500 mm，工作绳数 $n=8$，提升高度 $h=12$ m，滑车组至卷扬机之间距离 $I=12$ m。根据公式（2—4）得：

$$L=n(h+3d)+I+10=8\times(12+3\times0.5)+12+10=130\ \text{m}$$

答：起重钢丝绳长度为 130 m。

例：某安装工地起吊一中型设备，需设置一套滑车组，工作绳为 6 根，滑轮直径为 0.35 m，行程为 22 m，定滑轮到卷扬机距 15 m，求所需钢丝绳长度。

解：已知 $n=6$，$h=22$，$d=0.35$，$I=15$，代入公式（2—4）得：

$$L=n(h+3d)+I+10=6\times(22+3\times0.35)+15+10=163.3\text{ m}$$

答：需要钢丝绳 163.3 m。

三、滑车组的连接方法和钢丝绳的穿绕

滑车组中钢丝绳的穿绕方法是一项既重要又复杂的工作，对起吊的安全和就位有很大影响，如果穿绕不当，易使钢丝绳过度弯曲，加速钢丝绳的磨损。特别是当滑车门数较多时，还会使上下滑车出现扭曲，甚至在重物下降时产生自锁现象，有时还可能出现由于钢丝绳传力不畅而引起钢丝绳局部松弛，这样就会出现突然冲击，以至可能使钢丝绳断裂而发生重大事故。

滑车组钢丝绳穿绕方法有顺穿法和花穿法两种。

1. *顺穿法*

顺穿法又分单头和双头两种。

（1）单头顺穿法。单头顺穿法是将绳索一端固定在定滑车架上，跑绳头从一侧滑轮开始，顺序穿过动滑轮和定滑轮，最后从另一侧滑轮穿出，如图 2—7a 所示。

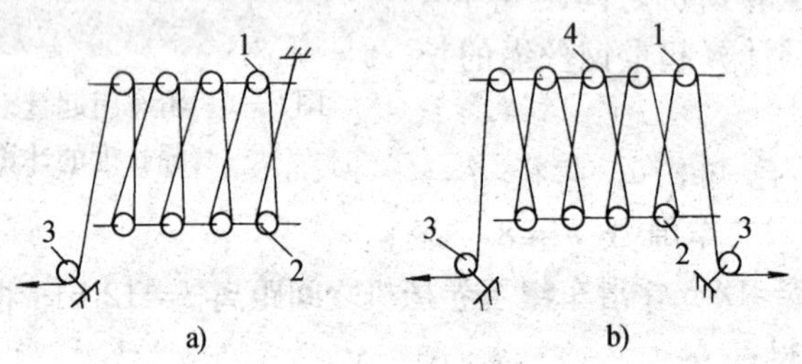

图 2—7 顺穿法

a）单跑头顺穿法 b）双跑头顺穿法

1—定滑车 2—动滑车 3—导向滑车 4—平衡滑车

此法引出端拉力最大，固定端拉力最小，每段绳的受力不等，工作不平衡，滑车易歪斜，常用于五门以下滑车组。

(2) 双头顺穿法。为克服绳索拉力不均、滑车架扭曲的缺点，在实际使用中常采用双跑头顺穿法，如图 2—7b 所示。它适用于两台卷扬机等速卷绕的起重作业。定滑车为奇数时（比动滑轮多一个）中间滑车不旋转的是平衡轮。双头顺穿法滑车工作平衡，没有歪斜，滑车阻力减小，运动速度加快，多用于吊装重型设备或构件等。

2. 花穿法

花穿法有小花穿法和大花穿法两种，若用一台卷扬机起吊大型设备，并使用滑车组门数较多时，为避免顺穿法滑车受力不平衡，可采用花穿法来改善滑车组的工作条件和降低跑绳拉力，从而达到滑车组受力均匀、起吊平衡安全的目的。花穿法有以下两种：

(1) 小花穿法。如图 2—8 所示，绳头从滑车中间穿入后，跑头按一个方向依次穿绕定滑轮和动滑轮，然后，又回到滑车组中间，再按相反方向穿绕余下的定滑轮和动滑轮，最后，把死头固定在定滑车架上。

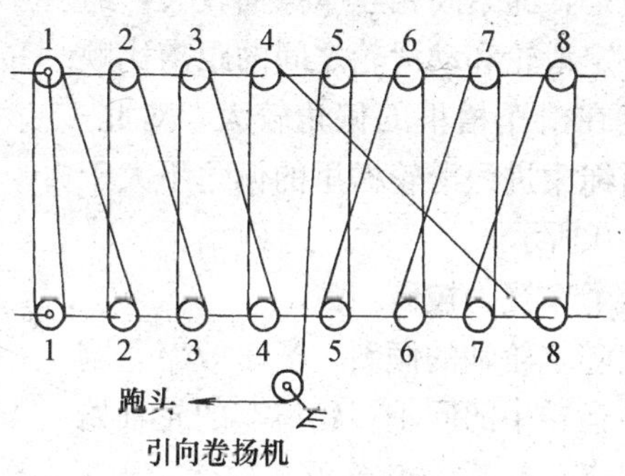

图 2—8 小花穿法

使用这种穿法，绳索在穿绕间隔滑车门数一般不超过 5 门，如果间隔门数过多，就会造成绳索在滑轮槽里偏角过大，使滑车工作条件降低，绳索受力增大。为了减少绳索之间互相摩擦，间隔穿绕的次数不超过 2 次。

(2) 大花穿法。如图 2—9 所示，绳索可从中间穿入，也可从第一门穿入，绳索穿绕的间隔滑车门数可以在 3 次以上，但一般不超过 5 门。

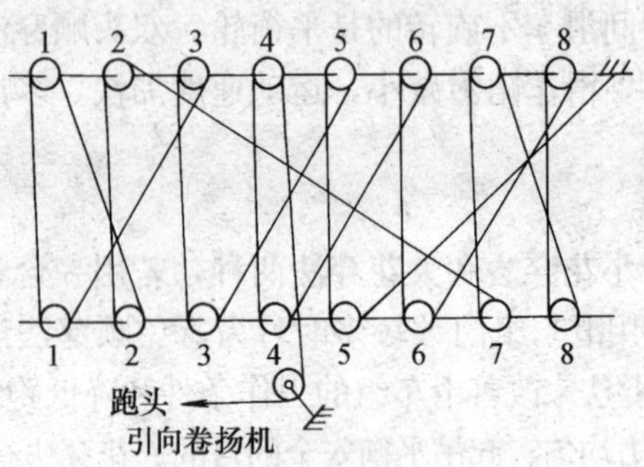

图 2—9 大花穿法

大型设备的吊装多采用此法。这种穿绕法具有滑车组受力比较平均、工作平稳、滑车架无扭曲现象等优点。它的缺点是，绳索间相互摩擦面较大，绳索穿绕复杂，定滑轮和动滑轮之间的距离比顺穿法大，绳索在滑车槽里的偏角较大，对此，一般要求牵引绳索进入滑轮槽里的偏角不大于 4°，如图 2—10 所示。

图 2—10 钢丝绳的偏角

四、起重滑车受力控制

实践证明随着轮轴的倾斜，滑车效率急剧降低，如何使运转中的同轴多轮滑车的轮轴始终呈现水平状态，是确保滑车正常运行、实现安全吊装的关键。为此，可通过以下途径改善滑车受力状况：

1. 选择结构合理的滑车。

2. 改变钢丝绳的穿绕方式。

3. 用 2 个门数较少的滑车代替 1 个门数过多的滑车，因而可成倍地减小作用于轮轴中点的偏心力矩。

4. 单侧牵引改为双侧牵引。

五、滑车与滑车组使用注意事项

1. 使用时应根据滑车上的铭牌规定，严禁超负荷使用。多门滑车如果只用其中部分滑轮，承载力应按比例相应减小；如果使用 500 kN 的 5 门滑车，当只用 3 门滑轮工作时，则起重能力为 300 kN。

2. 选用滑车时应考虑滑轮的直径，滑轮直径一般应为钢丝绳直径的 16～20 倍，槽底宽度应比钢丝绳直径大 1～5 mm。

3. 如果采用滑车组起吊，当重物提升到最高点时，定滑车与动滑车的间距要大于安全距离，要求滑车组两滑车之间的净距：顺穿时应不小于轮径的 5 倍，花穿时应不小于轮径的 7 倍，且钢丝绳的偏角不能大于 6°。

4. 对于滑车组的主要易损件的要求：当滑车轴磨损超过轴颈的 2%时，应报废，予以更换；当滑车的轴套磨损超过轴套壁厚的 20%、滑轮槽磨损达到原壁厚的 10%时均应更换，以确保安全使用。

第二模块　手拉葫芦和电动葫芦

一、手拉葫芦

手拉葫芦又称神仙葫芦、链条葫芦或倒链，是一种使用简便、易于携带、应用广泛的手动起重机械。它适用于对小型设备和重物的短距离吊装，起重量一般不超过 10 t，最大可达 20 t，起重高度一般不超过 6 m。

手拉葫芦的构造如图 2—11 所示，主要由链轮、手拉链、传动机械、起重链及上下吊钩等几部分组成。目前使用较多的是国产 HS 系列手拉葫芦，其规格见表 2—2。

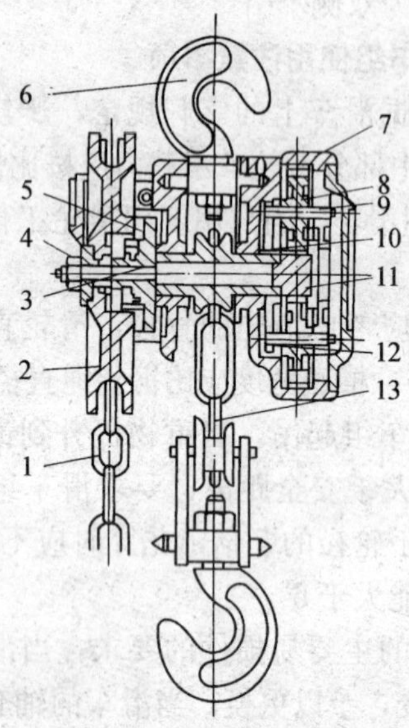

图 2—11 手拉葫芦（手动链式起重机）的构造

1—手拉链 2—链轮 3—链轮轴 4—圆盘 5—摩擦片 6—吊钩 7—齿圈 8—齿轮 9—齿轮轴 10—起重链轮 11—齿轮 12—驱动机构 13—起重链子

表 2—2 HS 系列手拉葫芦技术性能表

型号	HS $\frac{1}{2}$	HS1	HS1 $\frac{1}{2}$	HS2	HS2 $\frac{1}{2}$	HS3	HS5	HS7 $\frac{1}{2}$	HS10	HS15	HS20
起重量/t	0.5	1	1.5	2	2.5	3	5	7.5	10	15	20
标准起升高度/m	2.5	2.5	2.5	2.5	2.5	3	3	3	3	3	3
满载链拉力/N	197	310	350	320	390	350	350	395	400	415	400
净重/kg	70	100	150	140	250	240	240	480	680	1 050	1 500

手拉葫芦具有体积小、重量轻、结构紧凑、手拉力小、携带方

便、使用安全等特点，它不仅用于吊装，还可用于桅杆、缆风绳的张紧，设备短距离的水平拖动乃至找平、找正等场合，应用十分广泛，一般起吊重物时常将其与三脚架配合使用。

手拉葫芦使用注意事项：

(1) 使用前应检查其传动、制动部分是否灵活可靠。传动部分应保持良好润滑，但润滑油不能渗到摩擦片上，以防影响制动效果。链条应完好无损，销子应牢固可靠。查明额定起重能力，严禁超载使用。当吊钩磨损量超过10%时，必须更换新钩。

(2) 使用时，拉链中应避免小链条跳出轮槽或吊钩链条打扭。在倾斜或水平方向使用时，拉链方向应与链轮方向一致，以防卡链或掉链。接近满负载时，小链拉力应在400 N以下。如果拉不动应查明原因，不得以增加人数的方法强拉硬拽。使用中链条葫芦的大链严禁放尽，至少应留3扣以上。

(3) 已吊起的设备需停留时间较长时，必须将手拉链拴在起重链上，以防时间过久而自锁失灵，另外，除非采取了其他能单独承受重物重量吊挂或支承的保护措施，否则操作人员不得离开。

二、电动葫芦

电动葫芦是把电动机、减速器、卷筒及制动装置等组装在一起的小型轻便起重设备。电动葫芦结构紧凑，轻巧灵活，广泛应用于对中小物体的起重吊装作业中。它可以固定悬挂在高处，仅作垂直提升，也可悬挂在可沿轨道行走的小车上，构成单梁或简易双梁吊车。电动葫芦操作方便，人在地面通过控制电动葫芦上悬垂的按钮盒即可完成其全部操作。

电动葫芦的构造如图2—12所示，卷筒位于中央，电动机位于两侧。

电动葫芦使用注意事项：

(1) 不能在含有爆炸危险或酸碱类的气体环境中使用，不能用于运送熔化的液体金属及其他易燃易爆物品。

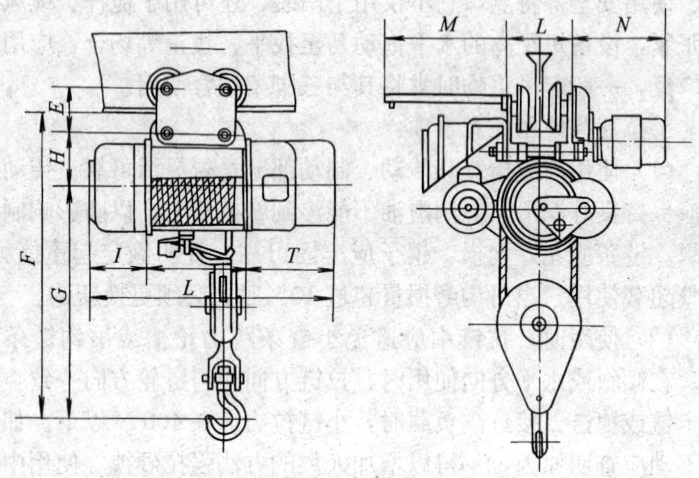

图 2—12　电动葫芦的构造

(2) 不准超载使用。

(3) 按规定定期润滑各运动部件。

(4) 电动机轴向移动量出厂时已调整到 1.5 mm 左右，使用中它将随制动环的磨损而逐渐加大。如果发现制动后重物下滑量较大，应及时对制动器进行维修，直至更换新环，以保证制动安全可靠。

第三模块　千　斤　顶

千斤顶是起重作业中常用的起重设备，它构造简单，使用轻便，工作时无震动与冲击，能保证把重物准确地停在一定的高度。用千斤顶升举重物时不需要电源、绳索、链条等，常用它作重物的短距离升举或安装设备时作校正之用。

千斤顶按照其结构型式和工作原理的不同可以分为齿条式千

斤顶、螺旋千斤顶和液压千斤顶等。

一、齿条千斤顶

齿条千斤顶由金属外壳和装在外壳内的齿条、棘轮等组成，其结构如图 2—13 所示。在需要顶举时，只需将棘爪 3 上下按动，每按一次，齿条就上升一小段距离，并由棘爪锁住，防止手柄在空回程时齿条下滑。齿条式千斤顶多用于设备修理或机件的装配。

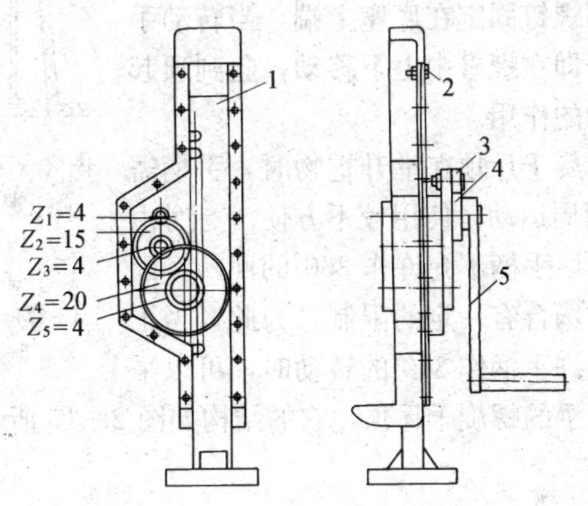

图 2—13　齿条千斤顶示意图

1—齿条　2—连接螺钉　3—棘爪　4—棘轮　5—手柄

另有一种齿条式千斤顶（又称起道机），其主要结构与图 2—13 基本相同，只是在齿条的下端部增加一个脚，这样设备的底面只需很小的空距离就可以对物体进行起升作业，因此，使用更方便。

在使用齿条式千斤顶时，先将棘爪推到升举位置，然后，重复向下按动手柄，手柄每按一次，齿条就上升一小段距离，直至升到需要的位置。在需要将重物下降时将棘爪放到下降位置，然后，将手柄上下按动。当手柄向上提时，齿条就下降一小段距离。手柄往回按动时，由于棘爪的制动作用，重物不会继续下滑。连续按动手柄，即可将重物下降到要求的位置。

二、螺旋千斤顶

图2—14所示为固定式顶托螺旋千斤顶的结构示意图。它也是一种简单的千斤顶，由带有螺母的底座、起重螺杆、顶托重物的顶头和转动起重螺杆的手柄等几个部分组成。螺母用螺钉固定在底座上端，当转动手柄时，螺杆即在螺母中上下移动，起到顶起或降下重物的作用。

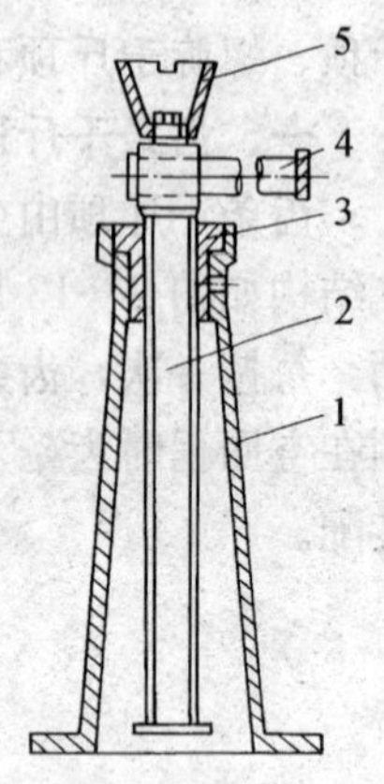

图2—14　固定式顶托螺旋千斤顶
1—底座
2—起重螺杆
3—螺母　4—手柄
5—顶头

这种螺旋千斤顶在举升重物时，手柄需作360°的圆周运动，使用较不方便。有时由于位置关系，手柄不允许作360°的回转，因此，使用的场合有一定的限制。为此，当工作场地不允许手柄作360°的转动时，可以采用带棘轮扳手的螺旋千斤顶，它的结构如图2—15所示。这种结

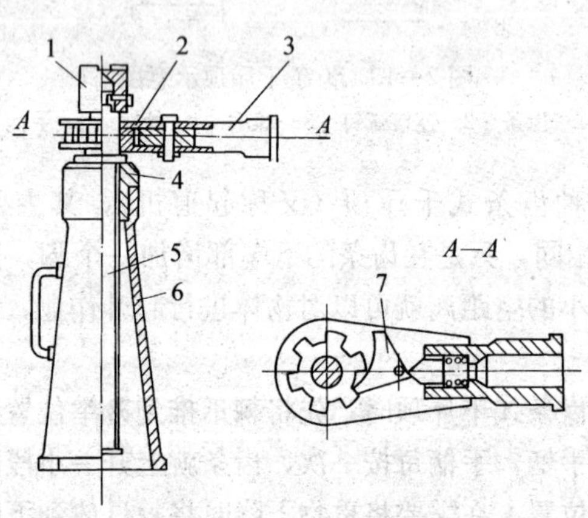

图2—15　棘轮扳手螺旋千斤顶
1—顶头　2—棘轮　3—手柄　4—衬套　5—起重螺杆　6—底座　7—棘爪

构的螺旋千斤顶在工作时只需来回摇动手柄，便能使螺杆作上下移动，而且手柄来回移动的范围较小，使用方便。顶头直接与重物相接触，不随螺杆的转动而随着转动。其底座作为螺杆的支承件，底座的高度能容纳整根起重螺杆的长度。

螺旋千斤顶的螺纹由于其导角小于螺杆与螺母间的摩擦角，具有自锁作用，所以，在重物的作用下，螺杆不会转动而使重物下降。

三、锥齿轮式螺旋千斤顶

锥齿轮式螺旋千斤顶的结构如图 2—16 所示。

在壳体 7 内装有螺母套筒 3、螺杆 4 和锥齿轮传动机构等。它的螺杆部分只转动而不升降，在螺母套筒上开有定向键槽，螺母套筒只升降而不转动，因此，在工作时扳动摇把，转动锥齿轮 2，使螺杆 4 转动。螺杆旋转时，螺母套筒 3 就沿着壳体上部的定向键升降。在锥齿轮外部装有摇把的地方装有一个换向扳钮，用它可以控制锥形齿轮的正、反向转动，带动螺杆倒转或顺转，而使螺母套筒上升或下降。在锥形齿轮的底部与底座间装有一只推力轴承，用于减少齿轮底部的摩擦力。锥齿轮式螺旋千斤顶的起重量为 3～50 t，顶升高度可达 250～400 mm，其技术性能见表 2—3。

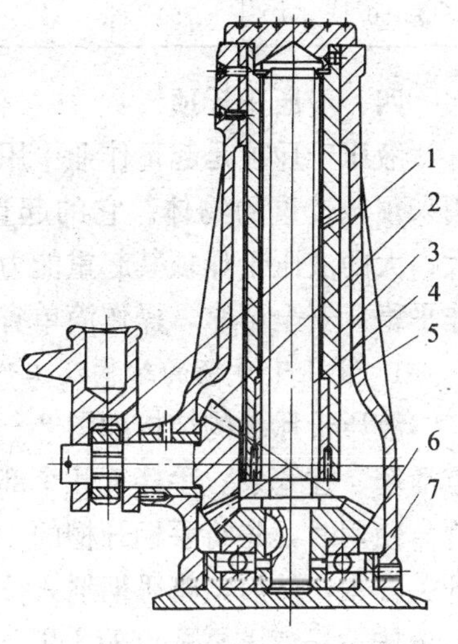

图 2—16 锥齿轮式螺旋千斤顶
1—棘轮组 2—锥齿轮 3—螺母套筒 4—螺杆 5—螺母 6—轴承 7—壳体

螺旋千斤顶与齿条式千斤顶相比较，具有使用方便、操作省力和上升速度快等优点，它们能在水平方向操作使用。

表 2—3　　锥齿轮式螺旋千斤顶的技术性能

型号	起重量/t	最低高度/mm	起升高度/mm	手柄长度/mm	操作用力/N	操作人数/人	自重/kg
LQ—5	5	250	130	600	130	1	7.5
LQ—10	10	280	150	600	320	1	11
LQ—15	15	320	180	700	430	1	15
LQ—30D	30	320	180	1 000	5 600	1～2	20
LQ—30	30	395	200	1 000	850	2	27
LQ—50	50	700	400	1 385	1 260	3	109

四、液压千斤顶

液压千斤顶是起重作业中用得较多的一种小型起重设备，常用来顶升较重的物体。它的起重高度为 10～25 cm，起重量较大，大的液压千斤顶其起重能力可达 300 t 以上。液压千斤顶工作平稳，安全可靠，操作简单省力。

1. 液压千斤顶的结构及工作原理

液压千斤顶的结构如图 2—17 所示，它主要由工作油缸、起重活塞、柱塞泵、手柄等几个部分组成。

使用时，先将手柄开槽的一端套入开关，并按顺时针方向将开关拧紧，然后，将手柄插入按手孔内作上下按动，随着手柄的上下按动，液压泵芯也随之上下运动。当液压泵芯向上运动时，工作液（机械油）通过单向阀门被吸入油泵。当液压泵芯向下运动时，被吸入油泵体内的工作液即被压出，通过另一个单向阀进入活塞胶碗的底部，活塞杆即被顶起。当活塞上升到额定高度时，由于限位装置的作用，活塞杆不再上升。在需要降落时，仍用手柄开槽的一端套入开关，作逆时针方向的转动，单向阀即被松开，此时，活塞缸内的工作液就通过单向阀流回外壳内，活塞杆即渐渐下降。

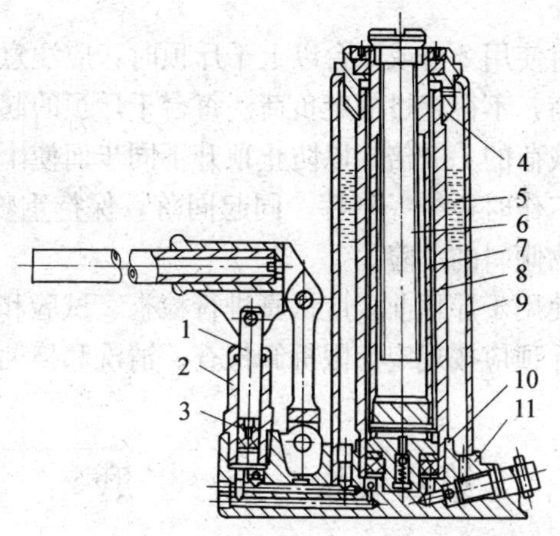

图 2—17 液压千斤顶

1—液压泵芯 2—液压泵缸 3—液压泵胶碗 4—顶帽 5—工作油 6—调整螺杆 7—活塞杆 8—活塞缸 9—外套 10—活塞胶碗 11—底盘

2. 液压千斤顶的使用注意事项

(1) 使用时，千斤顶的底座应放平，并在上、下端垫以坚硬的木板，但不能用沾有油污的木板或铁板作衬垫，以防止千斤顶受力时打滑。

(2) 放好千斤顶后，要先将重物稍微顶起一些，经检查无异常变化时，再继续顶起重物。在顶起重物的过程中，要随时注意千斤顶平正直立，不得歪斜，严防倾倒，也不得任意加长手柄或操作过猛。

(3) 起升时，注意上升高度一般不得超过额定高度，当必须将重物起升超过千斤顶的额定高度时，必须在重物下垫好木料，卸下千斤顶，将其放至最低高度，再将其底座垫高，然后重复顶升。

(4) 起升重物时，应在重物下面随起随垫枕木，往下放时应逐渐向外抽出。枕木与重物间的距离一般不得超过一块枕木的厚度，以防意外。

(5) 同时使用 2 台或 2 台以上千斤顶时，应注意使每台千斤顶的负荷平衡，不得超过额定负荷。每台千斤顶的起重能力不得小于其计算载荷的 1.2 倍，以防止顶升不同步而使个别千斤顶超载而损坏。工作时要统一指挥，同起同落，保持重物升降平稳，以免发生重物倾斜的危险。

(6) 在使用千斤顶前，应认真进行检查、试验和润滑。在平时，液压千斤顶应按规定期限拆卸检查、清洗和换油。

第四模块 绞 磨

一、绞磨的构造及工作原理

绞磨是一种构造简单的人力牵引设备，它由鼓轮、中心轴、推杆、反转制动器和支架等部分组成，如图 2—18 所示。

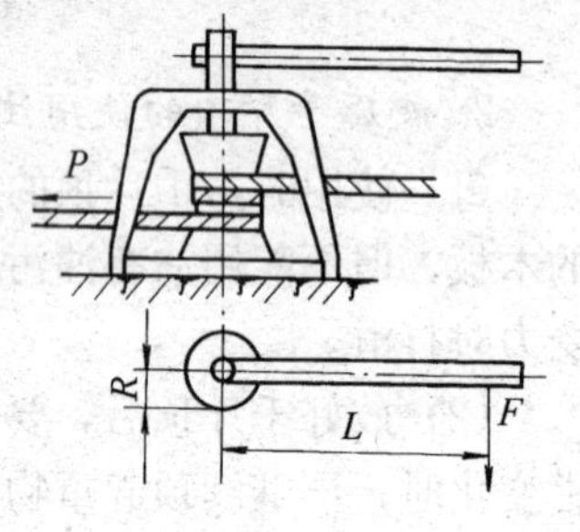

图 2—18 绞磨

绞磨利用了杠杆原理，主要用于起重速度不快、起重量不大，且缺乏电源或机动卷扬设备的作业场合。它构造简单，工作平稳，容易操作。作业时，将滑车组出端头钢丝绳在绞磨的鼓轮上由下向上绕 4～6 圈，然后，用人拉紧在鼓轮上绕出的钢丝绳绳头，当用力推动推杆使鼓轮中心轴转动时，将钢丝绳在鼓轮上依次绕紧，并将绕进的钢丝绳由拉紧绳头的人不断绕进，而在鼓轮上始终保持 4～6 圈，这样，钢丝绳在鼓轮上连续绕进、不断倒出就能进行牵引或提升物体。

二、绞磨使用注意事项

1. 绞磨应由熟练起重工操作，专人指挥。操作人员必须精力集中，紧密配合，速度平稳。吊装大中型设备，不宜使用绞磨。

2. 绞磨芯子最细处直径不应小于钢丝绳直径的 10 倍，绞磨的起重跑绳应水平引至导向滑轮，不得直接引向高处的吊物上。

3. 绞磨必须装有棘轮，防止反转，当下降较重的吊物时，操作人员应集中精力，协调一致，缓慢回转磨杠，使重物平稳下降。

第五模块　卷　扬　机

卷扬机种类较多，按驱动方式分有手摇卷扬机和电动卷扬机两类。

一、手摇卷扬机

1. 手摇卷扬机的类型

手摇卷扬机又称手摇绞车，多用于起重量不大的起重作业或配合桅杆起重机等作垂直起吊工作。手摇卷扬机的起重量有 0.5 t、1 t、3 t、5 t、10 t 等几种，常用的小型移动式手摇卷扬机技术性能和规格见表 2—4。

表 2—4　　小型移动式手摇卷扬机技术性能和规格

项目		0.5 型	1 型	3 型	5 型
最外层额定牵引力/N		5 000	10 000	30 000	50 000
卷筒	直径/mm	130	180	200	280
	宽度/mm	460	500	520	670
	容绳长度/m	100	150	200	200
	缠绕层数/层	4	5	7	6
钢丝绳直径/mm		7.7	11	15.5	18.5

2. 手摇卷扬机的结构

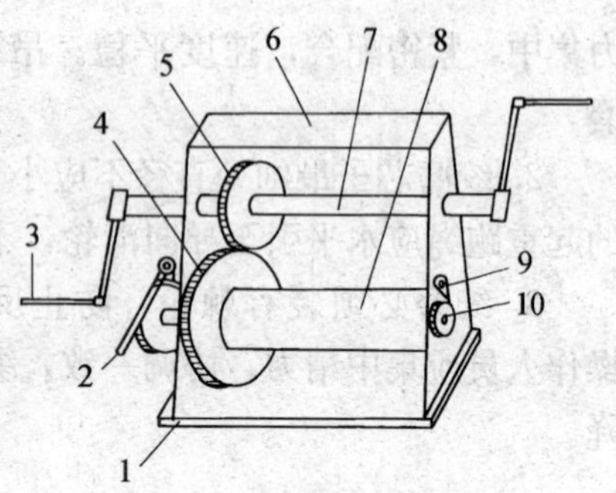

图 2—19　手摇卷扬机结构
1—机架　2—闸把　3—摇柄
4—大齿轮　5—传动齿轮
6—机架横撑　7—传动轴
8—卷筒　9—止动爪　10—棘轮

手摇卷扬机由机架、摇柄、齿轮及卷筒等部件组成，如图 2—19 所示。

手摇卷扬机是齿轮式卷扬机的一种，用人力驱动，通过变速齿轮来带动卷筒转动。为安全起见，手摇卷扬机上都装有制动装置，使重物能停在一定的位置，防止由于重物的下滑，使卷筒倒转。当需要下降重物时，反向转动摇柄，把制动器脱开，重物就徐徐下降。

3. 使用手摇卷扬机的注意事项

（1）选择好绳索与卷筒的连接方式。绳索与卷筒的连接方式一般有两种：定梢法与拉梢法。如果卷筒的长度较长，能容纳所需长度的钢丝绳时，可采用定梢法，根据钢丝绳的捻向，将绳头固定在卷筒的左边或右边，跑绳要从卷筒的下方绕入，这样可以增加卷扬机的稳定性。为保证操作的安全性，卷筒上的钢丝绳不能全部放出，至少要保留 3～4 圈。如果卷筒的长度不能完全容纳所需的钢丝绳长度时，则采用拉梢法（如绞磨）。跑绳在卷筒上绕 3～7 圈，然后引向后方，用人拉住绳梢。

（2）尽可能使钢丝绳绕上卷筒的方向与卷筒的轴线垂直，这样钢丝绳绕在卷筒上就整齐，不会斜绕或互相交错挤压。为了使钢丝绳能垂直地绕上卷筒，常在卷扬机的前方设置一个导向滑车，使钢丝绳绕到卷筒的中间时，钢丝绳与卷筒的轴线垂直。同时，当钢丝绳绕到卷筒的两端时，钢丝绳的偏斜角 α 不大于 1.5°（指圆柱形卷筒）～2°（指有槽的卷筒），如图 2—20 所示。

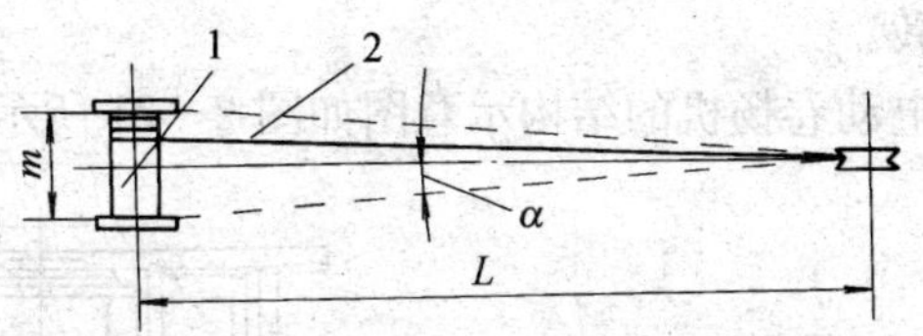

图 2—20　卷筒与导向滑车的位置

1—卷筒　2—钢丝绳

(3) 手摇卷扬机必须用锚桩固定稳妥，不能使卷扬机滑动或倾倒。

二、电动卷扬机

1. 电动卷扬机的分类和技术规格

电动卷扬机按滚筒形式分有单滚筒和双滚筒两种，按传动形式有可逆式和摩擦式之分。其起重量有多种规格，常用电动卷扬机的规格和技术性能见表 2—5。

表 2—5　　常用电动卷扬机的规格和技术性能

类型	起重能力/t	滚筒直径×长度/mm	平均绳速/(m·min^{-1})	(缠绳量/直径)(m/mm)	电动机功率/kW
单滚筒	1	200×350	36	200/12.5	7
	3	340×500	7	110/12.5	7.5
	5	400×840	7.8	190/24	11
双滚筒	3	350×500	27.5	300/16	28
	5	220×600	32	500/22	40
	7	800×1 050	6	1 000/31	20
单滚筒	10	750×1 312	6.5	1 000/31	22
	20	850×1 324	10	600/42	55

2. 电动卷扬机的结构

(1) 可逆式电动卷扬机。电动机与卷筒之间有固定的连接，卷筒可以正转也可以反转。操作时，只需切换电路，即可使电动机正转或反转。

可逆式电动卷扬机的结构示意图如图 2—21 所示。

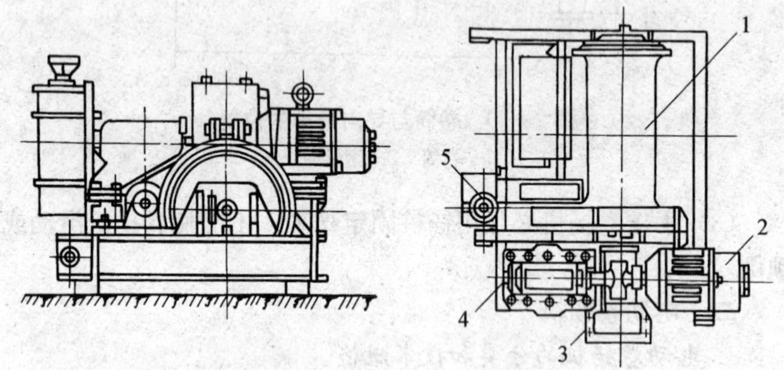

图 2—21　可逆式电动卷扬机

1—卷筒　2—电动机　3—控制器　4—制动器　5—变速器

(2) 摩擦式电动卷扬机。电动机与卷筒间没有固定的连接，而是通过摩擦离合器带动卷筒转动。它的传动特点是：只有起吊设备或重物时才使离合器合上，以传递动力，当重物下降时，则完全依靠重物自身重量，下降速度的快慢由制动器来控制。

摩擦式电动卷扬机的结构如图 2—22 所示。

3. 电动卷扬机的使用注意事项

(1) 卷扬机应安装在平坦、没有障碍物的地方，便于卷扬机操作人员和指挥人员观察。安装距离应在重物距离 15 m 以外，如用桅杆式起重机时，其距离不得少于桅杆的高度。为防止电动机及电气装置淋雨受潮，一般在卷扬机底座下垫上枕木，并设置防雨棚。

(2) 卷扬机的电气控制装置要放在操作人员的身旁，所有电气设备应装有可靠的接地线，以防触电。电气开关需有保护罩。

(3) 卷扬机的固定必须牢靠、坚实、稳固，以防止卷扬机在起吊重物时倾倒或滑移，并且能承受核定最大的卷扬拉力。

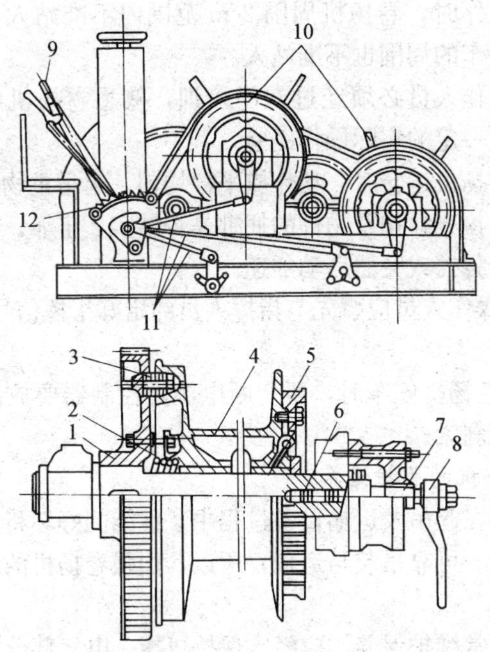

图 2—22　摩擦式电动卷扬机

1—齿轮　2—弹簧　3—摩擦木块　4—卷筒　5—棘轮　6—推进滑块　7—丝杆　8—手摇柄　9—闸把手柄　10—闸皮　11—闸把拉杆　12—闸位极限齿

(4) 卷筒的中心至最近一个滑车的距离应大于卷筒长度的 20 倍，当绳索绕到卷筒的两侧时，钢丝绳的偏斜角不应超过 1.5°。跑绳应从卷筒的下方绕入，当绳索绕到卷筒的中心时，绳索应与卷筒的中心线垂直。

(5) 工作前应检查卷扬机各部分机件转动是否灵活，制动装置是否可靠灵敏。

(6) 卷扬机使用的钢丝绳必须与卷筒牢靠固定，卷筒的最小允许直径为钢丝绳直径的 16～20 倍。当钢丝绳溜放到需要长度时，留在卷筒上的钢丝绳不得少于 3 圈。

(7) 工作时，卷扬机周围 2 m 范围内不准站人，跑绳的两旁及导向滑车的周围也不准站人。

(8) 操作人员必须经过专门培训，熟悉卷扬机的性能、结构，并具有一定的实际操作经验。

(9) 卷扬机运转时，动作应平稳均匀。起吊重物时应先缓慢吊起，并应检查绳扣及物件的捆绑是否结实、牢靠。当跑绳已拉紧时，严禁猛摇或突然启动加速。

(10) 操作人员应事先与指挥人员约定好指挥信号，如旗语、手势等。

(11) 卷扬机停车时，要切断电源，控制器要放回零位，用保险闸制动刹紧。

4. 卷扬机的维护保养

卷扬机在起吊及运输设备过程中，性能的好坏将直接影响到设备的安全、可靠吊装与运输，所以，加强卷扬机的维护保养十分重要。

(1) 日常维护保养。应经常保持机械、电气部分清洁，各活动部分充分润滑，经常检查各部件连接情况是否正常，制动器、离合器、轴承座、操作控制器等是否牢靠，动作是否失灵，出现问题及时更换；经常检查钢丝绳状况，看连接是否牢固，有无磨损断丝，出现问题及时处理或更换。工作结束后应收拢钢丝绳，加上防护罩，断开电源。

(2) 定期维护保养。一般卷扬机工作 100～300 h 后应进行一级维护，即对机械部分进行全面清洗，重新润滑，检查各部分工作状况，更换或补充润滑油至规定油位。卷扬机工作 600 h 后，应进行二级维护，其内容为测定电动机绝缘电阻，拆检电动机、减速器、制动器及电源系统，清洗电动机轴承，更换润滑油，详细检查钢丝绳的质量状况等。

练　习　题

1. 滑车组是如何分类的?

2. 滑车与滑车组的作用是什么?

3. 说明 H10×2G 滑车代号各项的含义。

4. 用一台滑车能不能起到省力的作用?

5. 动滑车如何分类? 各自的特点是什么?

6. 在吊装某一重物时，使用一导向滑车，跑绳拉力 S_1 为 58 000 N，跑绳的转折角为 90°（即夹角为 45°）时，试求需要多大规格的导向滑车。

7. 用图 2—5a 所示的滑车组来吊装计算质量 $Q=30$ t 的设备，如果滑车组的总效率 $\eta=0.85$，问这个滑车组引向卷扬机的出绳头拉力 S 是多少?

8. 滑车组钢丝绳穿绕方法有哪几种?

9. 滑车与滑车组使用时应注意哪些问题?

10. 手拉葫芦的特点是什么? 常用于哪些场合?

11. 电动葫芦使用时应注意哪些问题?

12. 千斤顶有哪些作用? 液压千斤顶能否在水平位置时使用?

13. 同时使用多台千斤顶时应注意哪些问题?

14. 跑绳在绞磨磨芯上的缠绕应注意些什么?

15. 卷扬机的种类有哪些?

16. 电动卷扬机中对卷筒的工作状态有什么要求?

第三单元　起 重 机 械

本单元知识点：

• 起重机的分类、组成

• 桥式起重机、龙门起重机、塔式起重机、汽车起重机、轮胎起重机、履带式起重机机的简介

• 起重机的基本参数、特点、安全装置

第一模块　起重机的分类、组成

一、起重机的分类

起重机械是通过吊钩或其他吊具起升、搬运物体的机械设备。起重吊装施工中，经常用到的起重机根据其结构特点可分为以下四种基本类型。

1. 轻小型起重设备

轻小型起重设备的构造一般比较简单、紧凑，往往只有一个升降机构，依靠电力或人力作动力驱动，如千斤顶、滑车、手动绞车、电动卷扬机、手拉（电动）葫芦等，主要用于物体单纯的升降作业、水平运输作业或为维修作业、单件重物的短距离的装卸服务。这些小型起重机与必要的附属工具（如索具、扒杆、滚筒等）一起通称为轻小型起重设备或简易起重设备。

2. 桥式起重机

桥式起重机包括通用桥式起重机、梁式起重机、龙门起重机、装卸桥、缆索起重机等，这类起重机除了具有起升机构外，

还配有大、小车运行机构，使重物除作升降运动外，还可作前后、左右的水平运动，三类运动的配合能使重物在一定的立体空间内起重和搬运，适用于车间、仓库、露天货场等进行物品堆放、装卸等工作。

3. 臂架起重机

臂架起重机除具有起升机构外还有变幅机构、旋转机构和行走机构等（液压起重机往往还有伸缩臂机构），依靠这些机构的动作配合可使重物在一定的圆柱形或椭圆柱形空间内起重和搬运。臂架起重机可装在车辆或其他运输工具上，使之具有较好的机动性。常见的臂架起重机有塔式起重机、汽车起重机、轮胎式起重机、履带式起重机、门座式起重机、浮式起重机、铁路起重机等。

4. 升降式起重机

升降式起重机也叫升降机。虽然它只有一个升降机构，但多具有较复杂而完善的附设装置和安全装置。它的起重搬运对象也不同于轻小型起重设备，故单独列为一类。常见的升降式起重机有各类电梯、货梯、升船机等。

二、起重机的组成

起重机通常由工作机构、金属结构、动力装置、控制系统等部分组成。

1. 起重机的工作机构

起重机的工作机构是为实现起重机不同的运动要求而设置的，它有起升机构、变幅机构、回转机构和行走机构等组成。不同的起重机有不同的设置，但至少应有提升机构。起升机构由原动机、制动器、卷筒、钢丝绳、滑车组和吊钩组成。由原动机的旋转运动通过卷筒、钢丝绳、滑车组机构变为吊钩的上下直线运动。起重机变幅是指改变吊钩中心与起重机回转中心轴线之间的距离，这个距离称为幅度。起重机利用变幅机构扩大作业范围，即将垂直上下的直线作业范围，扩大到一个平面的作业范围。回转机构使起重机的一部分（一般指上车部分）相对于另一部分（一般指下车部分）能作相对的回转运动，从平面作业范围扩大为一定的空间范围。行车机构使起重机的使用状态更加灵活，工作范围更加扩大。

2. 起重机的金属结构

起重机的吊臂、回转平台、人字架、塔式起重机的塔身等是起重机的重要组成部分，起重机各工作机构及零部件都是安装或支撑在这些金属结构上的。金属结构是起重机的骨架，它承受起重机的自重及作业时的各种载荷。金属结构耗钢量大，因此，起重机金属结构的合理设计对减轻起重机自重，提高起重机性能，节约钢材都有重要意义。

3. 动力装置与控制系统

动力装置是起重机的动力源，它在很大程度上决定了起重机的性能和构造特点，如塔式起重机动力装置为电动机，而轮胎式起重机动力装置为内燃机。起重机的控制系统有各种主令控制器、保护装置、离合器、制动器以及各种变幅调速装置、换向、制动和停止机构，通过控制机构使起重机达到作业所要求的各种动作。

第二模块　桥式起重机、龙门起重机、塔式起重机

一、桥式起重机

桥式起重机的示意图如图 3—1 所示，它由大车、小车、轨道和操纵室等几部分组成，是行走在固定厂房或露天作业场内的构筑物上，用以起吊设备或重物的起重机械。桥式起重机也称天车或行车。

大车是桥式起重机的主体，由梁架、行走机构、缓冲器和小

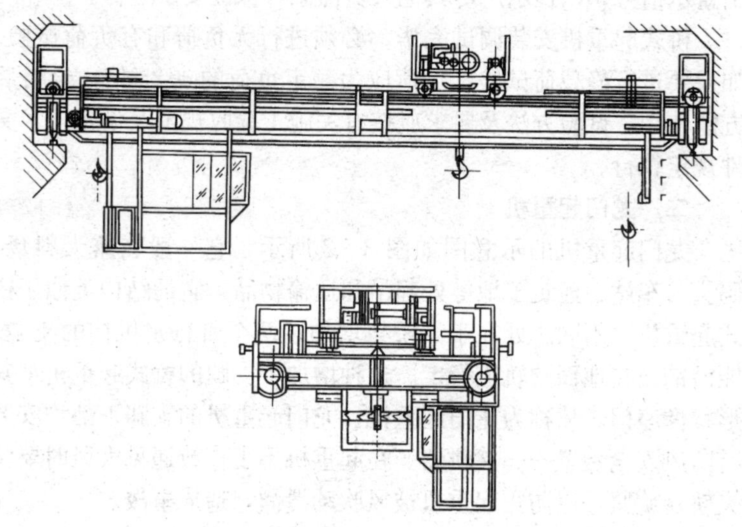

图 3—1　桥式起重机示意图

车轨道等组成。大车梁架为金属焊接结构，承担起重机自重和起吊物体的重量。它的两端各有一个端梁，端梁设在厂房梁柱牛腿的轨道行走的车轮上。端梁两端安装有缓冲器，当大车行驶到厂房尽头时，以缓和大车在挡车器上的冲击力。大车主梁上纵向铺设有小车轨道，供小车行驶。轨道两端各设有电气限位开关和机械挡车装置。小车底盘上设有小车行走机构和吊钩升降的卷扬机构，可沿大车梁架作水平移动，并通过吊钩的升降达到起吊重物的目的。卷扬机构上设有主钩，有的还有副钩。铭牌标定的是主钩的起重能力，副钩的起重能力较小，但副钩升降速度较快。

轨道是指桥式起重机大车的运行轨道，它们分别设置在厂房两侧梁柱上方伸出的牛腿上，用螺栓压板固定。两轨道中心之间的距离称为桥式起重机的跨距。操纵室是桥式起重机的驾驶室，它通常吊在大车梁下端的一方，可操纵大车、小车运行和主（副）钩的升降。操纵室还设有电铃，电铃能在起吊或运行中发出警示信号，以提示厂房其他人员注意，保证安全运行。

桥式起重机安装调试完毕，必须进行无负荷和有负荷试验。如果要进行静载荷试验，负荷应为额定负荷的 1.25 倍，合格后方能使用。试验方法及要求应按有关施工验收规范及设备技术文件规定执行。

二、龙门起重机

龙门起重机的示意图如图 3—2 所示，它一般在露天料场、码头、车站、建筑工地等处起吊和运输物品。它的结构类似于桥式起重机，不同之处在于其桥架增加了两个带行走机构的支腿，能沿铺设在地面的轨道行走。这种增加了支腿的桥式起重机，其形状像座门，故称为龙门起重机。龙门起重机的支腿下部均安装有防风安全装置——夹轨器。在起重机不工作或遇见大风时要将夹轨器旋紧，以防止起重机被风吹动滑溜，造成事故。

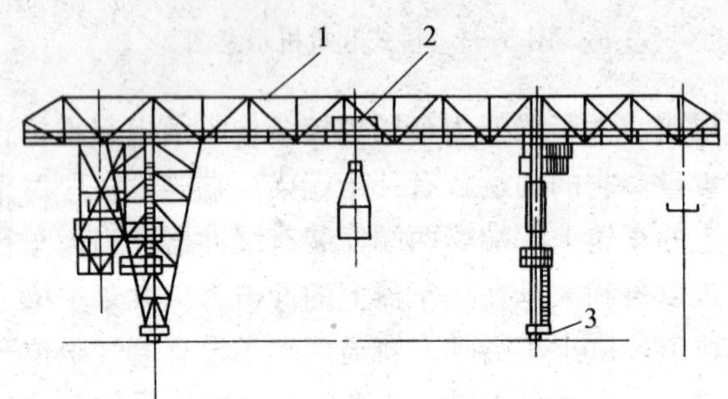

图 3—2 双主梁龙门起重机示意图

1—主梁 2—起升小车 3—支腿运行机构

三、塔式起重机

1. 塔式起重机的结构

塔式起重机示意图如图 3—3 所示。与桅杆起重机等相比塔式起重机没有缆风绳，因此，它能与其所需进行安装施工的建筑物靠得很近，从而能充分利用起重机的引伸臂，不妨碍施工现场其他工作的进行。塔式起重机有较高的起吊高度和较大的回转半径，可以在空中将构件送到起重机允许范围内的任何一个位置进行安装，移动灵活方便。塔式起重机的操纵室一般设在上部，为的是操作者视野开阔，有利于作业。塔式起重机上一般都设有极限开关、超载限止器等，因此，极大地增加了塔式起重机的安全性。

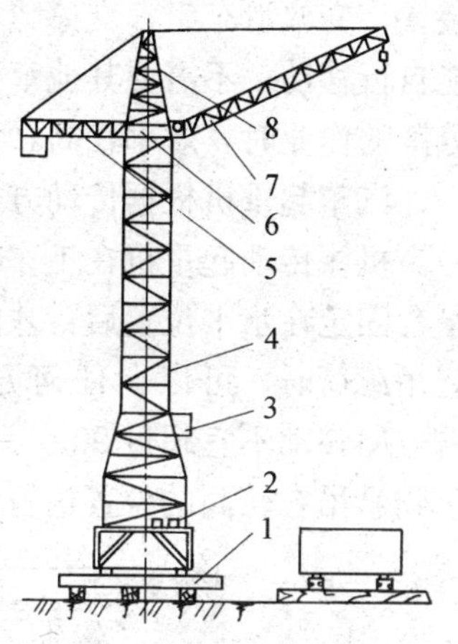

图 3—3　塔式起重机示意图

1—导轨　2—压载　3—驾驶室　4—塔身　5—平衡臂　6—旋转机构　7—起重臂　8—塔顶

2. 塔式起重机的分类

（1）按旋转方式分，塔式起重机可分为上旋式（起重机塔身不旋转，由起重臂、平衡梁、塔帽等组成的转塔旋转）和下旋式（塔身和起重臂整体随支撑装置旋转）。

（2）按变幅方式分，塔式起重机可分为杆式起重臂塔式起重机（这类起重机是用改变起重臂的仰角来实现变幅）和水平小车式起重臂塔式起重机（这类起重机起重臂保持水平位置，通过起重臂上运行的小车来实现变幅）。

另外，建筑用塔吊还分塔架固定和自升式、有轨道行走和塔架有基础固定式，同时有的还有附壁支撑等。

第三模块　汽车起重机、轮胎式起重机、履带式起重机

一、汽车起重机

汽车起重机示意图如图 3—4 所示，它是装置在标准的或特制的汽车底盘上的起重设备。汽车起重机主要由起重桅杆、回转

装置、变幅滑车组、支撑腿和汽车底盘等机构组成。汽车起重机能自行移动，不需要其他牵引设备进行牵引，机动性好，在完成分散的作业时，效率较高，常用于露天的起重作业。

汽车起重机根据传动方式不同有机械传动和液压传动两种。

机械传动起重机在工作时，应将支撑腿支撑在地面，使机架平台固定在水平位置后，才能进行吊装作业。起重机回转台在无起吊载荷时，可以向任何方向回转 360°，在满载时转台向左、右方向转动不宜超过 90°。一般在满载或重载时，应尽量避免将重物悬吊在较高的位置进行回转操作。

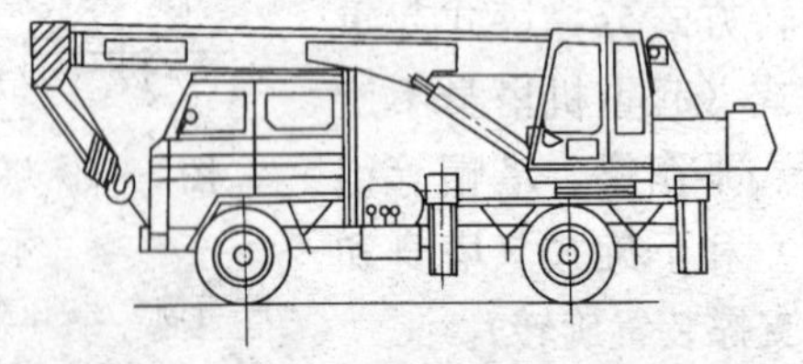

图 3—4　汽车起重机示意图

液压传动起重机全部采用液压传动来完成起吊、回转、变幅、吊臂伸缩及支腿收放等动作，故它操作灵活，起吊平稳。同时，伸臂可带载荷调节长度，因而增加了起重工作的作业范围。故液压汽车起重机应用广泛。

二、轮胎式起重机

轮胎式起重机如图 3—5 所示，它是装在特制的轮胎底盘上的起重机，本身的行驶也依靠同一驱动装置来驱动，车轮间距较大，稳定性好，可吊装中小型设备。轮胎式起重机采用液压传动来完成起吊、回转、变幅、吊臂伸缩及支腿的收放等主要功能。它操作灵活，启动平稳，同时其伸臂也可带载荷调节长度，增加起重工作的作业范围，还可在轻载吊物时行驶。轮胎起重机的起重量有 30 t、40 t、75 t 等，行驶速度可达 30 km/h，它要求有较好的路面条件等。

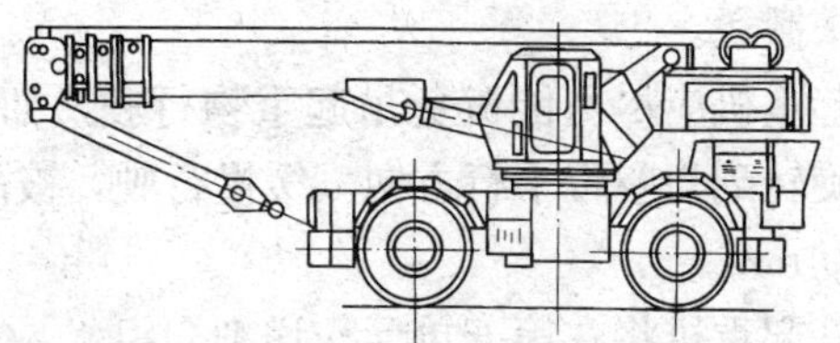

图 3—5　越野型轮胎式起重机示意图

三、履带式起重机

履带式起重机示意图如图 3—6 所示，它由履带行驶机构和回转台两部分组成，回转台上装有起重臂、动力装置、操纵室等，在尾部有平衡重。回转台能绕中心枢轴作 360°旋转。履带既是行走机构，也是起重机的支座。

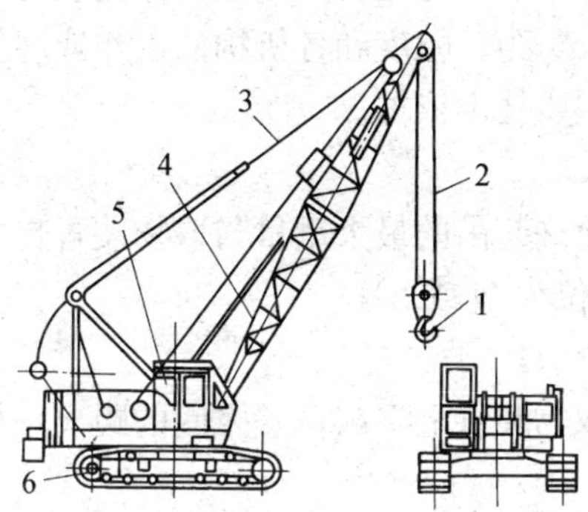

图 3—6　液压履带式起重机示意图

1—吊钩　2—起升钢丝绳　3—变幅钢丝绳

4—起重臂　5—主机房　6—履带行走装置

履带式起重机的动力装置一般采用内燃机驱动，它操作灵活，使用方便，在一般平整、坚实的道路上均可行驶和吊装作业，对地面承压要求较低。履带式起重机的起重量有 15 t、25 t 和 40 t，最重可达 100 t，但它的稳定性差，行驶速度慢，自重大，对路面有破坏作用，在施工现场远距离转移时，履带起重机要用平板车来搬运。

履带式起重机应尽可能避免吊起重物行驶，如迫不得已时，应将起重臂旋转到与履带平行方向，缓慢行驶，被吊物体离地面不得超过 500 mm。

关于桅杆起重机将在第五单元作详细介绍。

第四模块　起重机的基本参数、特点及安全装置

一、起重机的基本参数

起重机的基本参数是说明其起重工作性能的指标，它有起重量、起升高度、跨距、幅度和各机构的工作速度等，这是选用和使用起重机的主要技术依据。

1. 起重量 Q

指起重机允许起吊的最大重量与取物装置自重之和（不包括吊钩在内），单位为 N 或 kN。

2. 起升高度 H

指起重机取物装置上下限位置之间的距离，单位为 m。

3. 跨度 L

指桥式起重机、门式起重机大车运行轨道轴线之间的水平距离，单位为 m。

4. 幅度 S

指起重机的旋转中心与取物装置铅垂线之间的水平距离，单位为 m。

5. 工作速度 V

指起重机的起升、旋转的速度。旋转速度以 r/min 表示，起升速度以 m/min 表示。

6. 外形尺寸

指起重机的外形（长、宽、高）尺寸，用以反映起重机的通行条件。

二、起重机的特点

1. 自行式起重机的特性

自行式起重机的特性是幅度变大，起重能力变小，起升高度相应降低，即起重量降低，幅度变小，起重能力变大；起重量处于小幅度时，起重能力由起重臂的强度决定，起重量处于大幅度时，起重能力由（起重机）稳定性决定。

2. 其他形式起重机的特性

（1）塔式起重机。起重高度高，工作幅度大，因此，适用范围广。但塔式起重机塔身高，稳定性差。

（2）桥式起重机。额定起重量与起升高度是桥式起重机两项基本参数，吊装重物应在其允许的范围内，不得超载、斜吊，同时要注意吊索不过卷。

三、起重机的安全装置

为保证起重机安全可靠地工作，必须在起重机上装设可靠灵敏的安全装置。安全装置应结构简单，工作可靠，便于检修、维护。下面对起重机常用安全装置作简单介绍。

1. 自行式起重机安全装置

自行式起重机的重大事故多数是由于起重机失去稳定性而造成的，而失去稳定性又多由超负荷、超幅度、过卷扬等原因造成，为防止起重机失稳须装设必要的安全装置。

（1）起重力矩限制器。它是起重量限制器和幅度指示器的组合，再由显示装置反映出起重力矩，当这个力矩接近额定值时，即发出信号停止作业。

（2）过卷扬限制器。它是通过限位开关，防止起升过卷扬。

（3）幅度限制器。它是在动臂根部安装一个限位开关，当动臂起升到极限位置时，撞开限位开关，使变幅机构停止工作。

（4）支脚自动调平装置。水平度的测量是通过测出起重机底盘前后和左右的倾角数据，并把这个被测倾角以信号形式传给电磁阀，通过电磁阀来控制支腿垂直油缸的关闭或开启，以保持起重机处于水平状态。

（5）动臂转动警报装置。起重机动臂方位与稳定性有关，当汽车起重机动臂转到底架前方（驾驶室方向）时发出警报，此时稳定性最低。起重机动臂位于后方时，稳定性最大。

（6）防止脱钩的安全装置。起重作业中为防止钢丝绳从吊钩口脱出，需装设防脱钩装置，最简单的是利用弹簧力等封住吊钩口。

2. 塔式起重机安全装置

（1）重量限制器。当超载时，通过保护装置触动限位开关，切断卷扬机控制线路。

（2）力矩限制器。它一般是由起重钢丝绳张力在起重臂垂直方向上的分力，克服弹簧力，使限位开关动作而达到对起重机的保护作用。

（3）吊钩高度限位器。一般是当吊钩上升到极限位置时，通过保护装置触动限位开关切断电路，起到保护作用。

（4）幅度指示器。它是置于起重臂上的一个圆盘结构，盘中心有一活动指针，指针始终保持铅垂朝下，从而达到幅度指示的目的。

（5）极限力矩联轴节。旋转机构的极限力矩联轴节，是通过摩擦力传递力矩，超负荷时，摩擦而打滑，以防止过载。在非工作状态，它可使起重臂自然顺风，防止塔倒。

（6）夹轨钳。在轨道上工作的塔式起重机停放时，拧紧螺栓使夹钳夹住轨道，以保安全。

3. 桥式起重机、龙门起重机的安全装置

（1）限位器。包括上升、下降极限限位和运行极限限位，它可使起重装置和大小车运行到极限位置时自动停止工作。

（2）起重量限制器。它有机械式、液压式、电子式等多种，其原理是通过限制起升钢丝绳的张力，从而达到对起重量的限制作用。

（3）缓冲器。常见的有弹簧缓冲器和液压缓冲器。当起重机的起重量较小、运行速度较低时，也可安设橡胶缓冲器。

（4）防风装置和夹轨器。室外桥式起重机、龙门起重机应设防风制动装置和夹轨器，以保证安全。

练　习　题

1. 根据起重机械的结构特点可分为哪四种基本类型？
2. 桥式起重机主要由哪几部分组成？
3. 龙门起重机的防风安全装置是什么？起什么作用？
4. 塔式起重机是如何分类的？
5. 汽车起重机在工作中对回转有什么要求？
6. 轮胎式起重机的特点是什么？
7. 简述履带式起重机的优缺点。
8. 塔式起重机的安全装置有哪些？
9. 起重机械的基本参数有哪些？
10. 简述各种起重机的特性。

第四单元　起重运输作业

本单元知识点：

- 起重作业基本操作方法
- 设备运输和装卸方法
- 设备挂绳捆绑、设备与构件的翻转及设备主体的保护
- 设备的就位与校正固定
- 柱子的吊装

第一模块　起重作业基本操作方法

一般所说的起重作业就是对设备进行装卸、运输和吊装。起重作业的基本操作方法有撬、滑与滚、顶与落、转、拨、提、扳等，对于不同的作业环境，其采用的方法各不相同，有时采用某一种方法即可，有时则是多种操作方法的组合。只有掌握好这些基本操作方法，才能在起重作业中巧妙而灵活运用，以达到简便、省力、高效、安全的目的。

一、撬

所谓撬，即用撬棍使设备翘起或移动。它是具体运用杠杆原理的一种操作方法，适用于对重量不大、移动距离小、起升度低的设备的起重搬运。撬法说明如图 4—1 所示。

使用撬棍抬高或搬运设备时，应尽量在撬棍的尾端用力，这样可增长力臂而省力。抬高设备时，一次抬高量不宜太大，应分多次完成。设备下面垫物时，严禁将手伸入设备下面，以

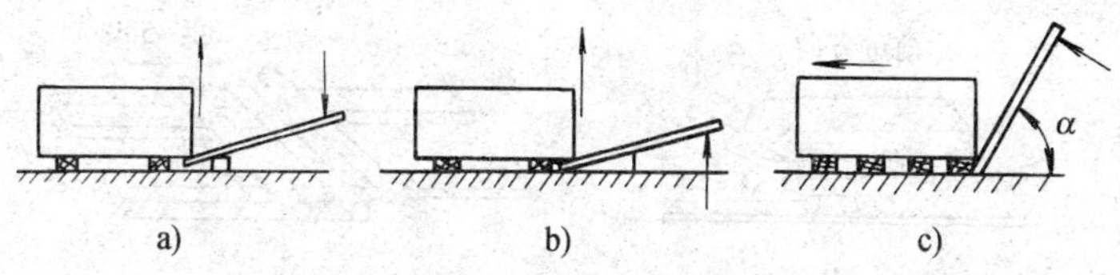

图 4—1　撬法说明

a）基本撬法　b）当 α 角较小时　c）当 α 角较大时

防意外伤人。撬棍不得直接接触设备的精加工面，以免损伤设备。多人用几根撬棍同时作业时，应统一指挥，动作协调一致。使用圆木作撬棍时，应仔细检查其质量，防止其在使用过程中断裂。

二、滑与滚

滑是在人力、卷扬机或其他外力的牵引下，使设备沿着牵引方向的移动。在滑移设备时，牵引力只需克服设备与支撑面的摩擦阻力即可移动设备，而摩擦力大小与设备重量、接触面材料、润滑等因素有关。因此，一般将设备放在拖排上滑移，也可用枕木和钢轨在地面上铺成平整光滑坚固的走道，使设备在走道上滑移，如图 4—2 所示。

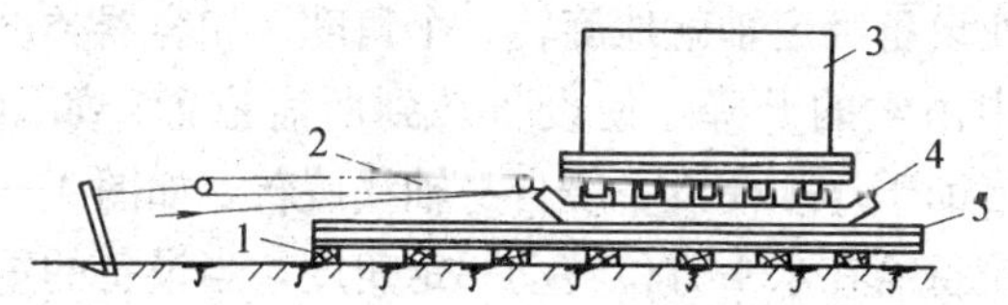

图 4—2　滑台轨道滑移法

1—枕木　2—牵引滑车组　3—设备　4—滑台　5—钢轨走道

滚是采用在拖排下铺设滚杠，使设备随着滚杠的滚动而移动，如图 4—3 所示。滚动摩擦阻力比滑动摩擦阻力小，故在安装工程中，对于重而大的设备，且运输线路较长、弯道较多时，多采用这种作业方法。

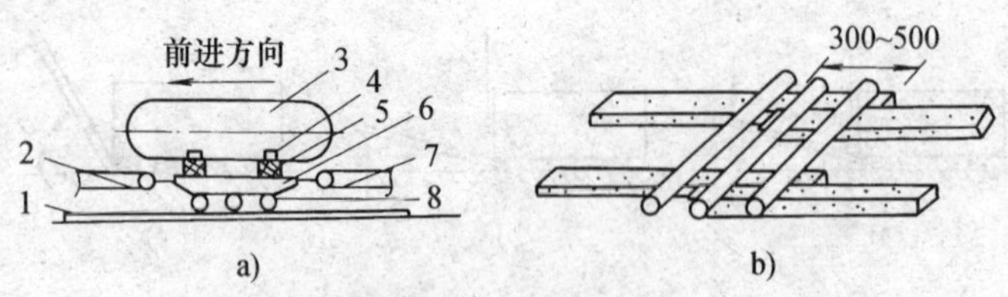

图 4—3　滚杠拖运示意图

a）滚移法示意图　b）走道木放置示意图

1—走道木　2—牵引滑轮　3—被运设备　4—掩木　5—枕木

6—排子　7—溜放滑轮　8—滚杠

三、顶与落

顶与落是利用各种类型千斤顶，使设备做短距离上升、下降或水平移动。千斤顶的行程一般不大，如果设备需顶升的高度超过其行程时，可采用多次顶升法，即用千斤顶将设备顶升接近满行程时，垫上枕木，降落千斤顶，然后，垫高千斤顶，继续顶升设备（也可用两套千斤顶交替顶升，以节省时间），直至达到所需高度。

欲使设备落位，只需将上述步骤反过来操作即可。

四、转

转是使设备绕定轴就地旋转一个角度，如容器类设备可利用捆扎设备中吊索的升降，使设备转到所需位置，如图 4—4a 所示。也可借助千斤顶使设备绕自身轴线旋转，如图 4—4b 所示。

有时设备需在水平方位转动一定角度，当设备的重量和转动角度不大时，可在设备的两个端头用钢丝绳拉动，如图 4—4c 所示，对于较大且较重的设备，可利用转向钢盘来旋转设备的方位，如图 4—4d 所示。

五、拨

拨是用撬棍将设备撬起后，横向摆动撬棍的尾部，使设备绕支点移动一个角度或距离，达到使设备移动或转动的目的，如图 4—5 所示。

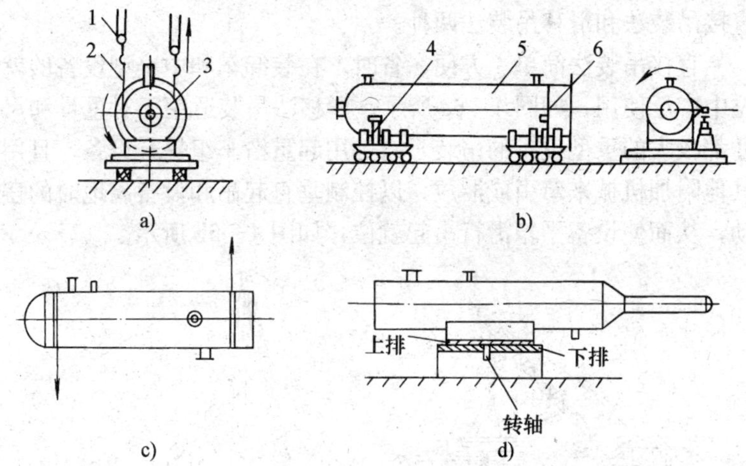

图 4—4　转法说明

a）用滑车组和吊索旋转塔体　b）用千斤顶旋转塔体对正方位

c）原地转动罐体示意图　d）简易转盘转动设备示意图

1—滑车组　2—吊重　3，5—塔体　4—千斤顶　6—支脚

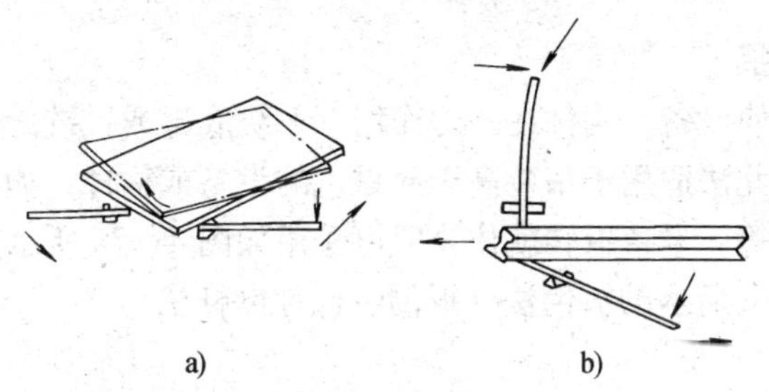

图 4—5　拨法说明

a）转动拨法　b）移动拨法

用拨的方法转动的角度和移动距离都不大，根据实际需要，可用多次重复拨的方法使设备达到预定位置。

六、提

提也称吊，它是利用各种类型的吊装机具（如起重机、桅杆等）将设备吊起来，安装在顶定的位置上。提的常见操作方式有直接吊装法和滑移吊装法两种。

直接吊装法简单、方便、省时，在装卸车和中小型设备的就位中广泛使用，如图 4—6a 所示。滑移法吊装适用于对重量和尺寸都较大的重型设备的吊装，它是用起重滑车组提升设备，且用其他附加机械来牵引或溜放，以控制垂直起吊和设备离地时的摆动，从而使设备平稳滑行吊起就位，如图 4—6b 所示。

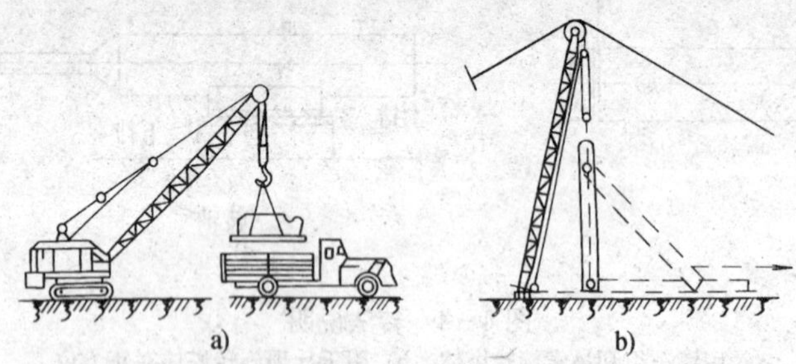

图 4—6　提吊说明

a）履带起重机提升吊装示意图　b）桅杆滑移吊装示意图

七、扳

扳是使设备、构件在外力作用下，绕底部或铰链旋转竖起直至就位，此法适用于吊装高于起重机的设备或构件，如高塔、罐体、桅杆等。设备扳转就位一般可采用如图 4—7a 所示的旋转法和图 4—7b 所示的扳倒法（扳倒法也称倒杆法）。

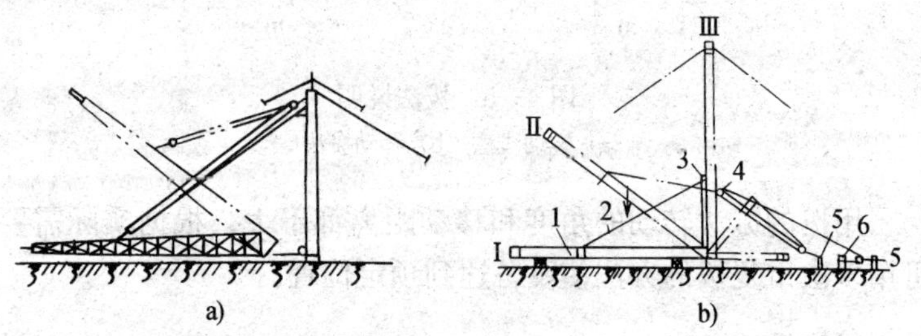

图 4—7　扳吊说明

a）单桅杆旋转法扳起设备示意图　b）倒杆竖杆法操作

1—桅杆　2—千斤索　3—辅助桅杆　4—起重滑车组　5—地锚　6—卷扬机

第二模块　设备运输和装卸方法

一、运输法

设备运输可分为一次运输和二次运输。一次运输指将设备从制造厂运输到仓库或设备组装场地的附近。它运输距离较长，通常用铁路、公路或水路运输。二次运输指将仓库内或组装场地的设备运输到安装现场的附近。它运输距离短，近距离重型设备常采用排子（拖排）做二次运输。

由于被运输设备的数量、体积、重量、安装现场环境等的不同，故采用运输的方法也不一样，对于中、小型设备常用叉车、载重汽车运输。但有些施工现场，由于道路狭窄、障碍物较多，不便采用机械化运输方法或没有适当的运输机械，此时，一般采用半机械化运输方法，即滑行运输和滚杠运输。

1. 汽车平板拖车搬运

利用汽车平板拖车搬运设备前，应对路面的宽度、承载能力、弯道及沿途障碍物、桥涵沟洞等进行调查和核算。土壤的实际承压力与搬运设备的重量成正比，与路面总接触面积成反比。路面受压部分距路边边缘不得小于 1.5 m。当超长设备采用 2 台平板车组合拖运时应注意下面三个问题：

（1）平板车上应设置转盘（或转排），以便汽车在弯道行走时，通过转盘的自由回转，使设备鞍座始终平稳地放置于平板车上。

（2）设备在鞍座上或鞍座自身在垂直方向应能有一定的回转量，以便在坡道上行走时，能自行调节，确保设备的安全。

（3）要绘制装车布置图，使设备的重量合理地分配到 2 台平板车上，并使平板车载荷分布均衡，同时要用滑车组进行纵向和横向封固。

2. 滑行运输

滑行运输是将设备搁置在排子上，使用卷扬机或其他牵引设备配以滑车进行牵引。运输中使用的排子有木排、钢排，一般 50 t 以下的设备用木排，50 t 以上用钢排。木排用枕木制作，由排脚和托木构成，在排脚正面搁置托木，并用扒钉钉牢，在排脚的两头做成 30°的斜角，便于拖运，如图 4—8 所示。

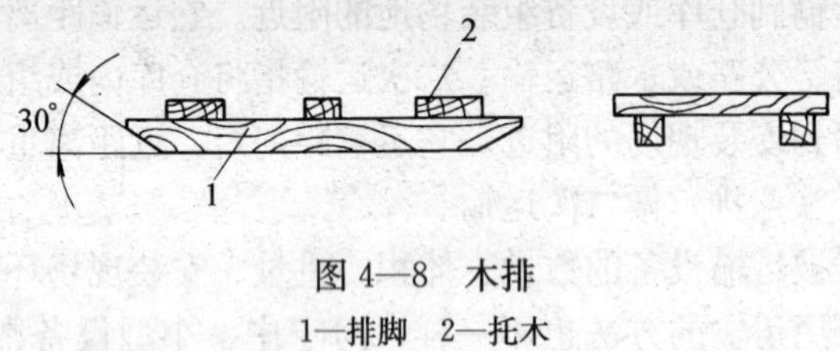

图 4—8 木排

1—排脚 2—托木

钢排有两种形式：一种是用钢板制成船形拖板，俗称旱船。旱船的一端做成 30°的斜面，如图 4—9a 所示。另一种是以槽钢作为排脚制成的滑台，排脚用几根钢轨连接起来，如图 4—9b 所示。

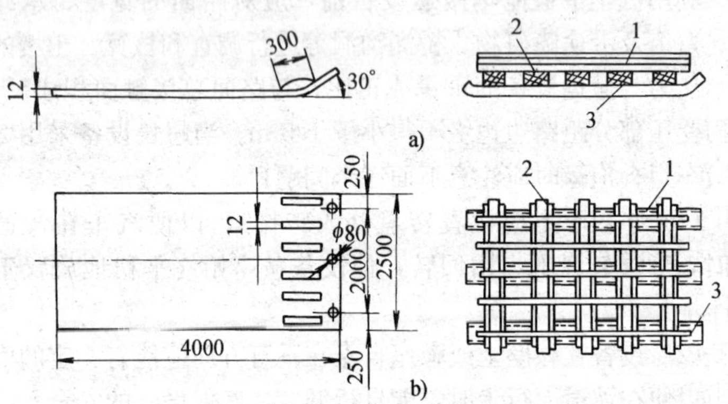

图 4—9 旱船和滑台

a）旱船 b）滑台

1—钢轨 2—枕木 3—槽钢

图 4—10 所示为旱船滑移运输示意图，它适合于路面不平的情况，其最大拖运设备质量不超过 12 t。图 4—11 所示为滑台轨道滑行法，它运输速度较快，运输吨位大，运输安全。在有高低差的短距离场所搬运设备，不宜选用滑移法。

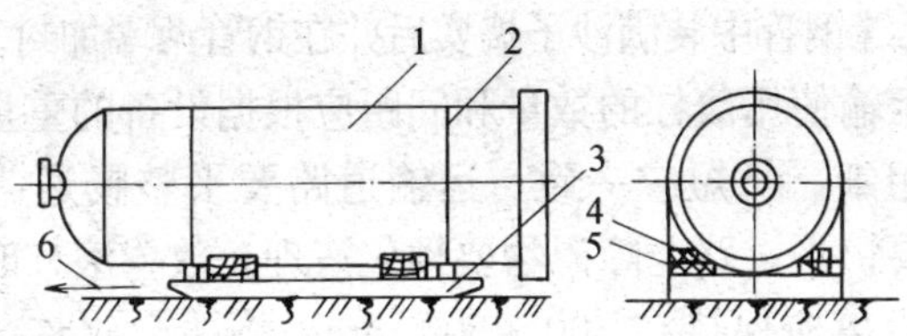

图 4—10　旱船滑移法

1—设备　2—绑扎固定千斤绳　3—旱船　4—斜楔木　5—枕木　6—拖拉绳

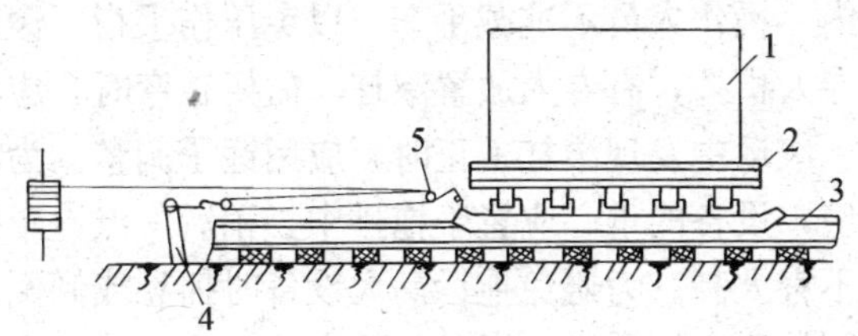

图 4—11　滑台轨道滑行法

1—重型设备　2—滑台　3—栈桥（三根钢轨）　4—地锚　5—滑轮

3. 滚杠运输

滚杠运输是搬运中小型设备最常用的一种方法（一般中型设备用卷扬机，小型设备也可用人力撬运），这种搬运方法适用于在短距离和设备数量不多的情况下水平搬运设备。通过搭设斜坡走道也可以将设备从低处运到高处，或从高处运到低处。一般斜坡走道在 15°以下，搬运的方法如图 4—12 所示。

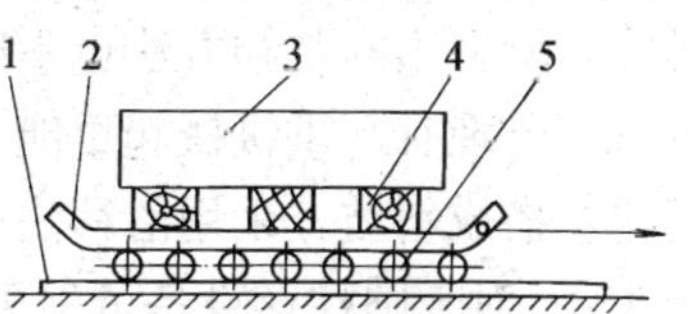

图 4—12　滚杠搬运

1—垫板　2—钢拖排　3—设备

4—枕木　5—滚杠

利用滚杠搬运设备使用的主

要工具有滚杠、拖排、滑车和牵引设备等。滚杠的规格可按搬运设备的重量选择，一般运输 3 t 以下的设备可采用ϕ76 mm×10 mm 的无缝钢管，运输 40～50 t 重的设备时可采用ϕ108 mm×12 mm 的无缝钢管，运输重量在 50 t 以上的设备时，可在ϕ108 mm×12 mm的无缝钢管中装满沙子捣实后并在钢管两端加封。

滚杠运输使用滚杠的数量和间距应根据设备的重量确定，选用的滚杠粗细、长短应一致，运输道路要平整畅通，坑沟要填平，高垛要铲平，路上障碍物要预先清理。放置滚杠时，每两根滚杠中心距离应保持在 300～500 mm，将端头放整齐，避免长短不一。两端伸出排子（或设备）外面约 300 mm 为宜，以免压伤手脚。放置或调整滚杠时，应将大拇指放在管孔外，其余四指放在滚杠内，操作人员不准戴手套，以免压伤手指。滚运大型设备应安排专人指挥，有专人放置滚杠。需要转弯时，应将滚杠放置成扇形。滚运中发现滚杠不正时，应用锤子调整。为利于滚杠进入拖排底，设备的重心应置于拖排中心稍后一点，牵引设备的绳索位置不宜太高。为避免拖运高大设备时摇晃或倾倒，可适当增加几根侧向稳定绳来增加设备的稳定性。拖运薄壁和易变形设备时，应做好加固措施。拖运设备遇有下坡时，要用拖拉绳控制溜放速度，确保安全。滚运设备用的导向轮的锚桩或卷扬机的锚坑，以及滚运的其他机、索具均应符合技术要求。

二、常见的装卸车方式

设备运输前后都要进行装卸作业，因运输方法、装卸地环境不同，所采用的装卸方法也不同。对于重量和尺寸都很大的重型设备，若现有起重机械起重能力不能满足时，一般常用的方法是用枕木搭成斜坡，采用滑移法或滚运法进行装卸，但坡度应不超过 10°，对于圆柱形设备可采用卷动法装卸。

1. 滑移法

滑移法是利用滑动摩擦的原理在搭好的斜坡上铺设多根钢轨，并在轨道上涂上一层油脂，以减少摩擦力。拖拉设备的钢丝绳通常穿绕一幅滑车组后再系结在设备上，这样既可以改变卷扬设备的传速比，放慢设备的移动速度，又可以用较小吨位的卷扬机牵引大吨位的设备。滑移法卸车如图 4—13 所示。其操作方法是：先用千斤顶将设备顶起，将钢轨和排子安放在设备下面，然后搭设斜坡，捆绑好设备。在设备的两侧各放一台卷扬机，两台卷扬机以相反的方向开动，即一台卷扬机慢慢收绳，另一台卷扬机慢慢放绳。当设备滑移到地面时，同样用千斤顶将设备顶起，把设备下的钢排和钢轨抽出。在平面运输中，对于高而底座较大的设备，采用滑移法搬运较适宜。

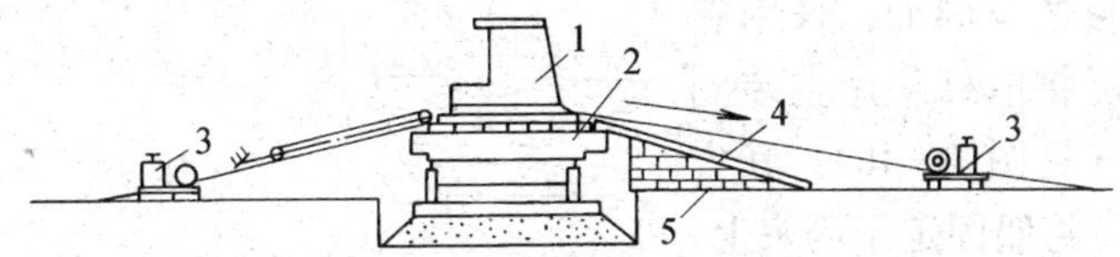

图 4—13　滑移法卸车示意图

1—设备　2—货车　3—卷扬机　4—钢轨坡道　5—枕木垛

2. 滚移法

滚移法装卸设备是利用滚动摩擦原理，在搭好的斜坡上铺设多根钢轨，再将滚杠放到排子下面，同样用卷扬机牵引排子，进行设备的装卸。滚移法所需的牵引力比滑移法小。

滚移法装车如图 4- 14 所示，其操作方法是：用千斤顶将设备顶起，将钢排放到设备下面，再将滚杠放在钢排下面，然后在货车上装货的平面与地平面之间搭设斜道，在货车的另一面安装

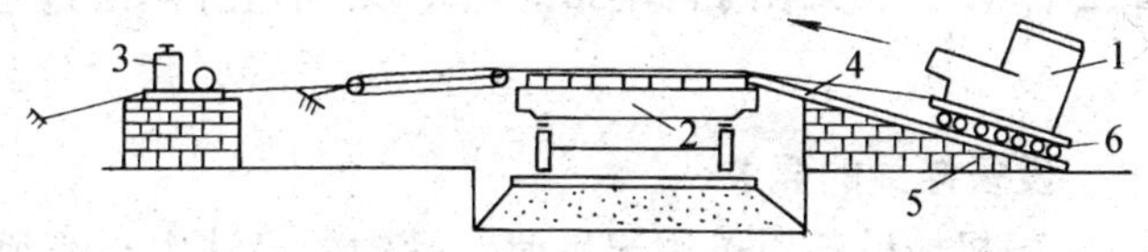

图 4—14　滚移法装车示意图

1—设备　2—货车　3—卷扬机　4—钢轨坡道　5—枕木垛　6—滚杠

一台卷扬机，用绳索将设备与钢排捆绑好，用穿好钢丝绳的滑车组与钢排连接，在统一指挥下开动卷扬机，并由专人安放滚杠，这样设备便可安全可靠地装到货车上。设备装上车后，用千斤顶顶起设备，抽出滚杠和排子。

3. 卷动法

卷动法是利用斜坡道，将圆柱形或圆筒形物体（如钢管、电杆等）用牵引钢丝绳缠绕卷动，以达到装卸目的。例如：采用卷动法可将电杆从岸上装到船上（见图 4—15）。其方法是：将船固定于码头上，并用一块跳板一端搁在船上，另一端搁在岸上，在跳板一侧装有卷扬机，钢丝绳一端固定在锚桩上，绕过电杆后的另一端固定在卷扬机上。开动卷扬机，随着钢丝绳的逐渐放松，电杆在跳板上渐渐向下滚动至船上，然后，将钢丝绳松开即可。用类似方法也可将电杆从船上卷到岸上。在船上进行装卸时，走道的搭设及支承点的选择应注意尽量减少船在水面上的摇摆，有时还需考虑潮水涨落等因素。

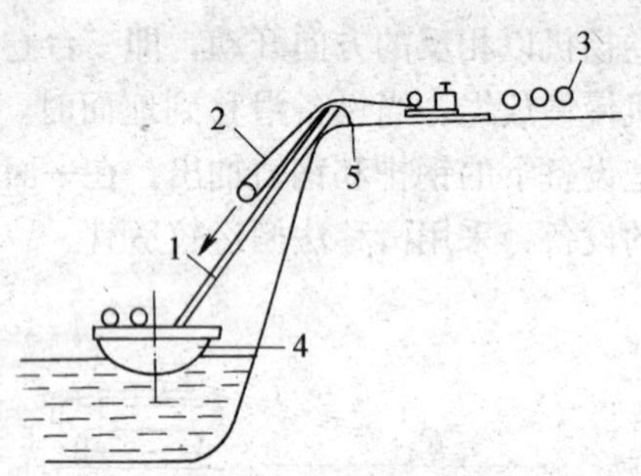

图 4—15　用卷动法将电杆装船

1—跳板　2—钢丝绳　3—混凝土电桅杆　4—船只　5—锚桩

第三模块　设备挂绳捆绑及设备主体的保护

一、设备挂绳的要求

1. 一般机械设备用单钩起吊时，吊钩的吊挂中心线须通过设备重心，若用双钩起吊，则两钩至重心的距离应与其承受的重量成比例。

2. 设备在吊运过程中应始终保持平稳，不得产生倾斜，绳索不允许在吊钩上滑动。

3. 起吊钢丝绳应选取适当的长度，吊索之间夹角不宜太大，一般不应超过 60°，对薄壁及精密零件夹角应更小。在吊装薄壁重物时，还须对其进行加固处理，以防止物体变形。

4. 对于精加工后的工件或完成油漆后的设备在吊装时，不得擦伤工件表面或造成漆皮脱落。

二、设备主体保护

在起吊绳索与机体接触部位，应用衬袋、橡胶、木块等隔离衬垫保护，或将钢丝绳吊索用橡胶管套好，这样使用方便，可省去加垫操作时间。对于精密设备或设备安装集中的场合，可制作专用工具（如平衡梁、专用吊索等）起吊，这样可提高工作效率和吊装质量。

三、捆绑、起吊注意事项

在对设备进行绑扎时，要合理地选择绑扎点。绑扎点选择的主要依据是设备的重心，即要找到设备或重物的重心位置。同理，设备的吊装、翻身及吊装用钢丝绳的受力分配等都要考虑设备的重心位置。重心是物件重量的中心，物件的全部重量都集中在重心上，当用一根绳索来起吊物体时，绳子的绑扎点应在与重心成一条垂线的上方，以使物体稳定，用两根或两根以上的绳索来起吊时，绳索的会合点（即吊钩）或绳延长线的交点，应与物体重心在一条直线上，且位于重心之上。

吊点的位置按以下原则选择：

1. 有吊耳或吊环的物件，其吊点要用原设计的吊点。

2. 塔类设备吊装，吊耳宜在设备重心上 1～2 m 处对称两侧设置。

3. 吊运设备或物体时，如果没有规定吊点，要使吊点或吊点连线与重心铅垂线的交点在重心之上，绑扎点要按对构件的形状具体选择。

（1）平吊长形物体，如圆木、电杆、桩等，两吊点的位置应在重心的两端，吊钩通过重心。如果竖吊物体，则吊点应在重心之上。对于匀质细长杆件的吊点位置按以下规定确定。

一个吊点时，吊点的位置拟在距起吊端的 0.3 L（L 为杆件长度）处，如图 4—16 所示。

两个吊点时，吊点分别距杆件两端的距离为 0.21 L 处，如图 4—17 所示。

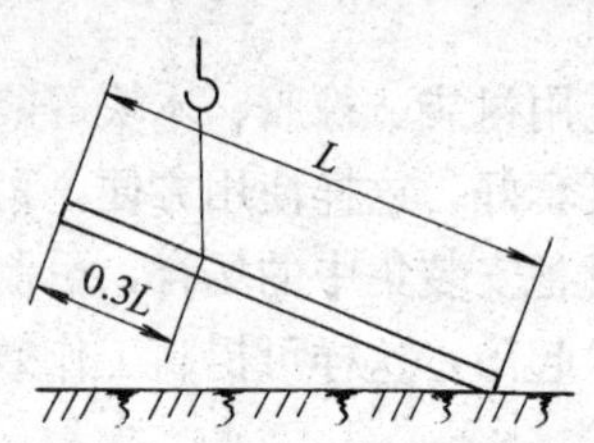

图 4—16　一个吊点起吊位置

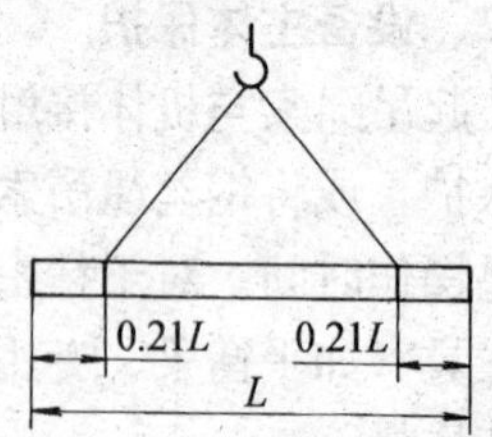

图 4—17　两个吊点起吊位置

三个吊点时，其中两端的两个吊点位置距各端的距离为0.13 L，而中间的一个吊点位置则在杆件的中心，如图 4—18 所示。

四个吊点时，两端的 2 个吊点距各端的距离为 0.095 L，然后，将两吊点间的距离分成三等份，即可得到中间两个吊点位置。中间吊点的距离为 0.27 L，如图 4—19 所示。

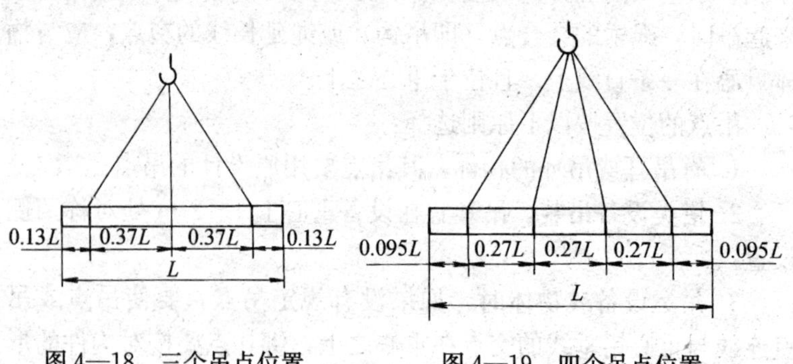

图 4—18　三个吊点位置

图 4—19　四个吊点位置

（2）吊方形物体时，若用 4 根绳索绑扎，则 4 根绳索的位置应在重心的四边。

（3）拖拉长物体时，应顺长度方向拖拉，绑扎点应在重心的前端。横拉时，2 个绑扎点应在距重心等距离的两端。

第四模块　设备与构件的翻转

起重作业中经常需要对设备与构件进行翻转操作，对此起重工的任务是：

（1）正确估计被翻转物体的重量及其重心位置。

（2）根据被翻转的物体的形状和结构特点，结合现场起重设备条件确定翻转方案。

（3）根据选择的翻转方案，正确选择索具，确定吊点和捆绑位置。

（4）安排好被翻转物件的保护措施，起重作业中时刻控制住被翻转物体，防止冲击。

下面介绍几种常见的翻转操作方法。

一、设备的水平转动

1. 水平转动的布置

对于大型设备或构件需水平转动时，可在安装工地搭设一个临时转台进行操作，图 4—20 所示为某行车大梁转台布置图。

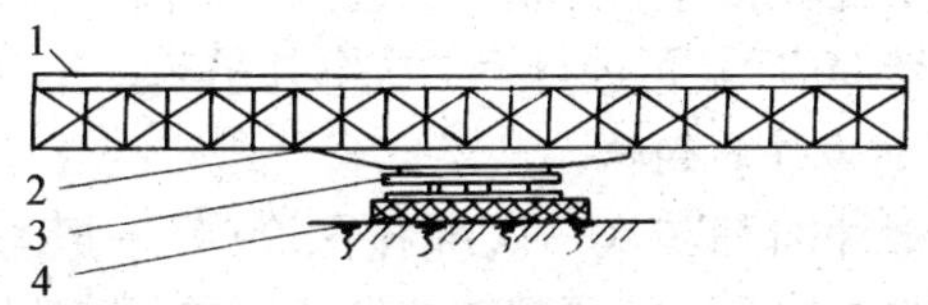

图 4—20　某行车大梁转台布置图

1—行车大梁　2—长形支承座　3—钢转捧　4—枕木

2. 转动操作步骤

(1) 用千斤顶把大梁顶高，在大梁的重心位置下面搭设木垛。

(2) 在木垛的上面放三层厚度不小于 10 mm 的钢板，钢板要平整，中间一层钢板稍小于上下两块，并在钢板接触面上涂满黄油。

(3) 在钢板与大梁之间，再放一层道木，落下千斤顶，使大梁置于道木上。

(4) 用人力或卷扬机等在大梁的端头牵拉，大梁即可按要求在水平面内转动。

在有大型起重机具时，设备的水平转动，也可以悬吊进行。

二、设备与构件的翻转法

1. 一次翻转法

此法是绑扎后利用起重绳索的上升，将物体翻身后再继续起吊，图 4—21 所示为柱子的一次翻转操作法。

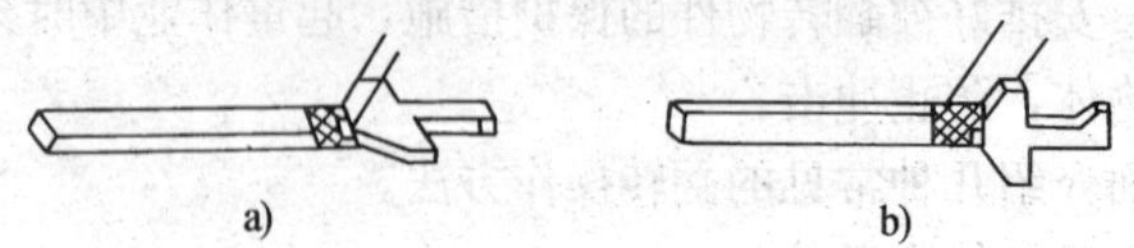

图 4—21 柱子的一次翻转操作法

a) 翻转前 b) 翻转后

2. 二次翻转法

此法是把翻转和起吊分成二次进行，如图 4—22 所示。第一次将柱子翻转 90°后，再进行第二次绑扎吊装。

3. 大型铸锻件的翻转

大型铸锻件的翻转（一次绑扎翻 90°）一般采用兜翻的方法，具体操作方法为：将要翻转的设备放在翻转沙坑内，绳扣捆绑在构件的重心之下靠近构件的底部或侧面的下角部位，在构件翻转处垫好木垫（在沙坑内可不垫）。起吊时，边提升边校正起

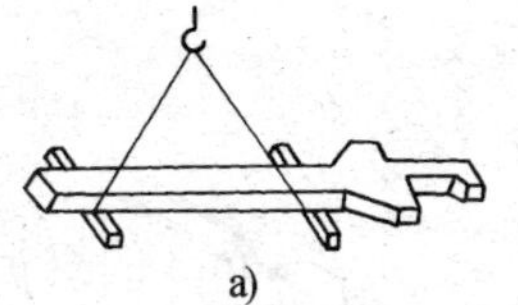

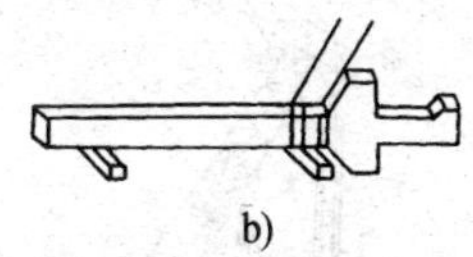

图 4—22 柱子的二次绑扎法
a）第一次绑扎 b）第二次绑扎

重机位置，使吊钩始终处于垂直状态。在被翻转构件翻转瞬间，应随即落钩，以防构件在重力矩作用下，对起重机产生冲击及使构件连续倾翻，如图 4—23 所示。

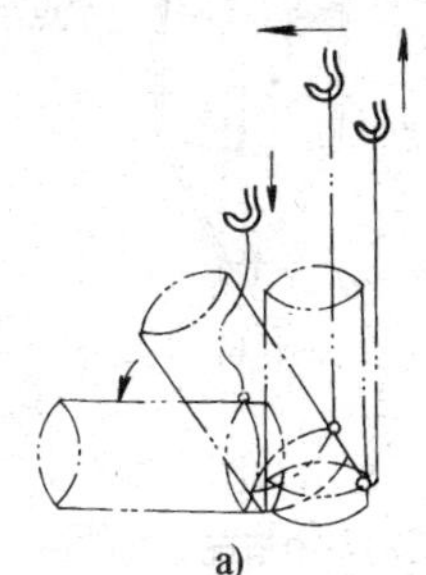

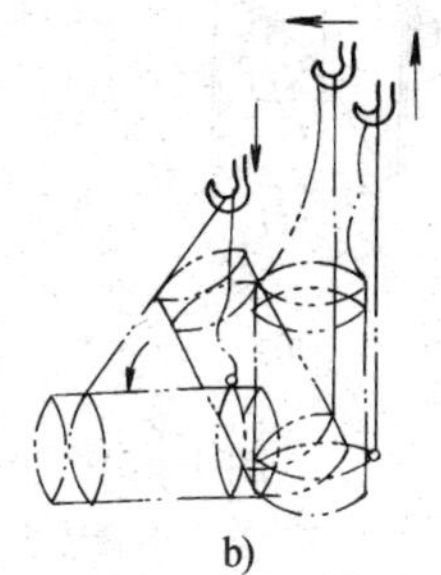

图 4—23 构件兜翻
a）不带副绳 b）带副绳

4. 带锥度容器的翻转

带锥度容器制作及运输放置时，为了稳定，一般为大头朝下，而安装位置一般正好相反，即常需将容器翻转 180°。翻转方法如图 4—24 所示。

图中 A、B、C 三点为容器的三个吊耳，其在圆周上呈三等份。在 A、B 两点用一根绳扣拴好，挂在主吊钩上，同时在 C 点用一套滑车拴好挂于主吊钩下端部卸扣 D 点处。滑车组的跑绳头挂在辅助吊钩上，当容器随着主吊钩上升时，辅助吊钩也随着上升，并保持滑车组稍收紧即可。当容器需翻转时，主吊钩停止

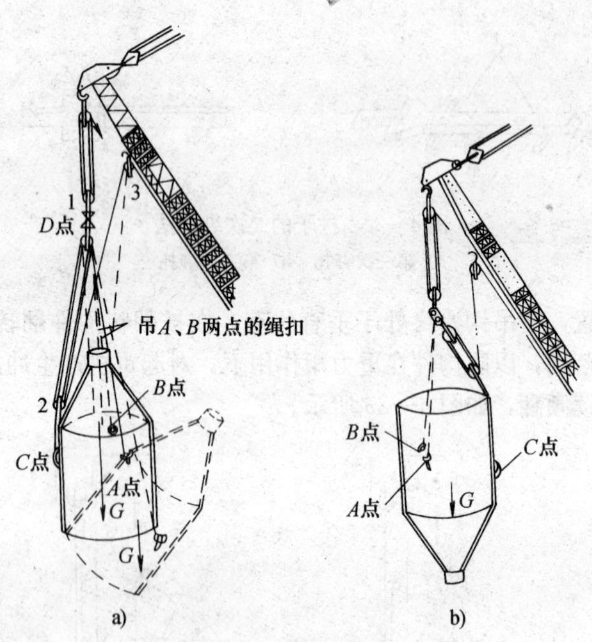

图 4—24　带锥度容器翻转示意图

a）空中翻转法　b）翻转后的空中情况

1—主滑车组　2—翻转滑车组　3—导向滑车

上升，辅助吊钩继续缓慢上升，这时容器就以 A、B 两点为轴旋转（如图中虚线位置）直至 C 点转到 180°时为止，这时容器就被翻转过来。

为了保证容器在翻转过程中不至于突然倾翻，要使 A、B、C 三个吊点的位置略高于容器的重心，而且 C 点还得略高于 A、B 两点，只有这样在翻转过程中重心才能始终滞后于 C 点，以保证容器稳定地翻转。

第五模块　设备的就位与校正固定

设备吊装就位前，基础应进行交接验收。基础中间交接验收时，土建应交付基础实测中心、标高及几何尺寸、基础竣工记录资料等，基础验收合格即可进行设备就位。

一、设备的就位

设备就位是指根据安装基准线把设备安放在正确的位置上，即设备安放在平面的纵、横向位置和标高须符合一定要求。设备就位后底座与基础间有时需要灌浆处理，为使灌浆质量得到保证，设备就位前应将其底座面的油污、泥土等脏物以及地脚螺栓预留孔中的杂物除去，灌浆处的基础或地坪表面应铲成麻面，被油沾污的混凝土应予以铲除。

设备的定位基准线一般为设备的中心线，即设备的对称中心轴线。设备就位时应使设备上的定位基准线与基础上的安装基准线对准，其偏差值控制在允许的范围之内。设备就位后，应放置平稳，防止变形，对重心较高的设备应采取措施防止摆动或倾倒。

机械设备安装在基础上的方法可分为有垫铁安装法和无垫铁安装法两种。

有垫铁安装法是借助设备底座与设备基础之间的垫铁组找平设备，并将设备的载荷传给基础。它操作简便，调整方便，对二次灌浆层要求不高，目前许多机械设备的安装均采用此种方法。它的缺点是由于使用垫铁而需耗用大量钢材。

无垫铁安装法在设备底座与基础之向没有垫铁，设备重量完全由二次灌浆层承担并传给基础，这种方法增大了基础与设备底面的接触面面积，受力均匀，对于节约钢材有一定意义。

无垫铁安装法的安装过程与有垫铁安装法的安装过程大致相

同，不同的是设备与基础之间没有垫铁，待设备找正找平找标高的调整工作完毕，地脚螺栓拧紧后，即可进行二次灌浆。在二次灌浆层养护期满，达到应有强度后，便把作调整用的调整螺钉、斜垫铁、调整垫铁全部拆除，将留下的空间灌满灰浆，并再次拧紧地脚螺栓，同时复查标高、水平度和中心线的正确性。无垫铁调整法对安装人员的技术要求较高。

二、设备的找正找平

设备找正找平工作贯穿于整个设备吊装过程中。在设备搬运到基础之前，应根据起吊机具的方向，确定设备就位后人孔及其孔管线接头的方位等，在设备上做好中心标记，测出基础四周的标高。基础四周标高一般应比设备实际就位后底部设计标高低30～50 mm，以放置斜垫铁和平垫铁等，便于在设备安装后找平时调整使用，同时应检查地脚螺栓丝扣是否清洗干净、有无损坏，螺栓的高度及中心距是否合乎设计要求。

基础检查合格后即可进行起吊，起吊时将设备逐渐移向基础，当提升设备超过地脚螺栓高度后，使设备底座孔对准地脚螺栓，然后，缓慢落下设备，拧紧螺栓。

对于立式静止设备，在安装时须保持其主体的垂直度达到规范要求，操作中一般使用经纬仪在互成90°两个方向进行找正，要求垂直度不大于1 mm/1 000 mm，总误差不得超过15 mm。对于整体吊装的组合设备，还要检验其水平度，使其也同时达到一定要求。

三、设备的校正工作

设备吊装完成后应进行校正，这里以塔类设备为例介绍设备校正的步骤和方法。

一般塔体均安装在垫板上，在吊装机具末拆除之前应及时进行塔体的校正工作，主要内容包括标高和垂直度的检查。

1. 标高检查

由于经过验收的设备其各个位置至底座之间的距离均已知，

所以检查设备标高时，只需测量底座的标高即可。检查时可用水准仪和测量标尺来进行，若标高的差值较大，可用千斤顶或起重机进行起落调整，差值较小时，可直接用斜垫铁，通过锤子敲打，来调整标高。

2. 垂直度检查

垂直度检查常用两种方法：一是铅垂线法，由塔顶互成 90°的两个方向吊铅垂线到底部，然后，在塔顶和塔底部取两点或若干点，用钢尺量其距离，比较相互差距是多少，符合规范要求即可。若有问题则调整垫铁，使垂直度达到要求。第二种方法是用经纬仪从上、下检测塔壁的垂直度误差值。这种检测法最好在上部焊一根凸出来 100 mm 的角钢，下部也焊一根角钢，长度为 200 mm，其中标上 100 mm 的刻度。经纬仪先对好上部伸出来的 100 mm 处，然后，返到下边，测量刻度是否在角钢刻度 100 mm处。如果在 100 mm 内或外，则说明塔有偏移，不完全垂直，此时可用桅杆或垫快来调整。

第六模块　柱子的吊装

柱子吊装方法有旋转法、滑行法、斜吊法和双机抬吊法。

一、旋转法吊装

1. 基本应用

旋转法吊装是使柱子的下端保持不变，上端以下端为旋转轴随着起重钩的上升和起重臂的回转而渐渐升起，直到柱子的上下端成一条垂直线为止。旋转法吊装适用于对中小型柱子的吊装。

2. 具体操作方法

(1) 柱子的摆放位置应使绑扎点、柱脚、基础中心三点都在起重机回转半径的同一圆弧上，如图 4—25a 所示。

(2) 将起重机开到回转中心位置不动，吊索挂钩后，边回转起重机臂边提升吊钩，使柱子绕柱脚旋转，逐渐升起，直到垂直状态，然后，将柱子吊起转至基础上方，落下就位，如图 4—25b 所示。

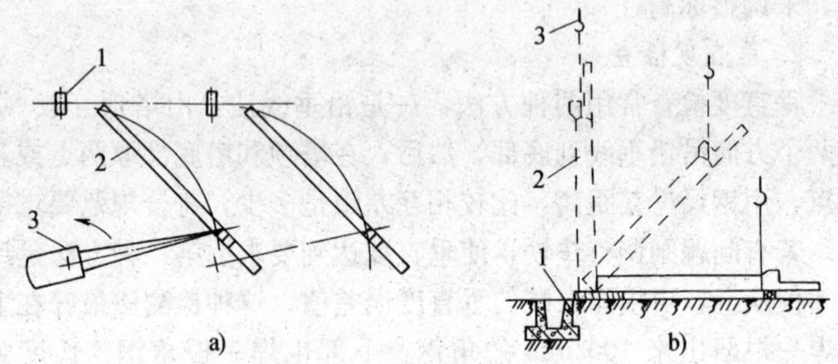

图 4—25　旋转法吊装柱子

a）平面布置示意图　b）旋转过程示意图

1—基础　2—柱子　3—履带起重机

二、滑行法吊装

1. 基本应用

滑行吊装法将捆扎点设在柱子基础上方，起重机的起重臂在起吊时不变幅，始终保持吊钩垂直上升，同时底部向基础滑行，直到就位。它适用于吊装较重、较长的柱子。

2. 具体操作方法

（1）柱子的摆放位置应使绑扎点安设在柱子基础的附近或基础上，柱脚下安放拖板和滚杠，如图 4—26a 所示。

（2）将起重机开到指定位置，使吊钩在绑扎点上方，如图 4—26b 所示。吊索挂钩后，起重机吊钩垂直起吊，随着柱子的升起，柱脚慢慢地滑向基础，直至柱子处于垂直状态，将柱子吊起，然后，进行就位。

三、斜吊法吊装

1. 基本应用

斜吊法捆扎点设在柱子重心上部，起吊后柱子有一定斜度。

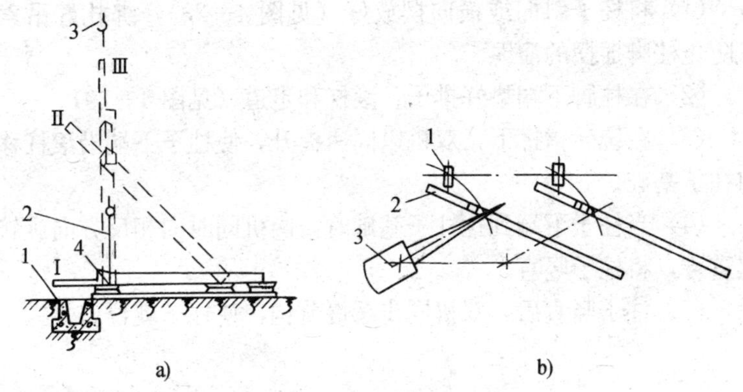

图 4—26　滑行法吊装柱子

a）滑行过程示意图　b）平面布置示意图

1—基础　2—柱子　3—履带起重机　4—拖板及滚杠

下部可用麻绳拉住，防止柱子摆动。底部用人力推到基础后就位。它适用于吊装较重、较长的柱子（在起重机起重杆不够长时）。

2. 具体操作方法

（1）将柱子按旋转法或滑行法摆放在安装地点，并在柱子下端绑扎一根麻绳作拖拉绳。

（2）用旋转法或滑行法将柱子略呈倾斜地起吊至基础之后，用人力拉着拖拉绳或用撬杠拨正就位，如图 4—27 所示。

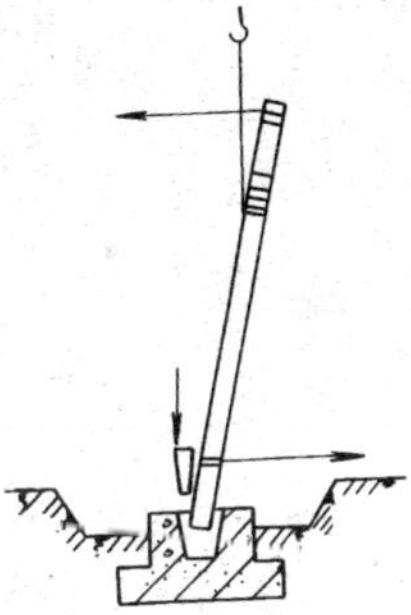

图 4—27　用撬杠拨正柱子就位

四、双机抬吊法吊装

当一台起重机性能不能满足起吊要求时可用双机抬吊，吊点可用一点或分开两点。它适用于吊装质量在 20 t 以上的柱子，同时又缺乏大型起重机的情况。

1. 双机抬吊一点绑扎吊装

双机抬吊一点绑扎的操作方法如下：

（1）将柱子斜向或横向摆放好（见图 4—28），绑扎好吊索以防止柱脚摇摆的溜绳。

（2）在柱脚下端垫好排子、滚杠和走道（见图 4—29）。

（3）在统一指挥下，双机以同速提升，使柱子下端沿滚杠移向柱子基础。

（4）当柱子下端到达柱子基础时，两机同时向相反方向旋转起重臂，将柱子竖直。

（5）柱子竖直后，双机同步缓慢落钩，使柱子就位。

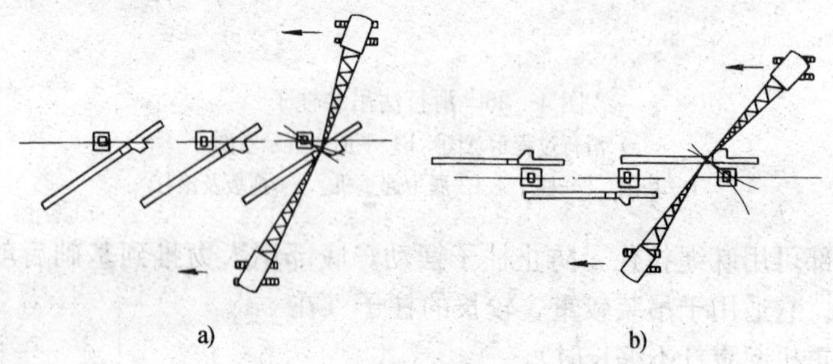

图 4—28　双机抬吊一点绑扎
a）柱子斜向摆放　b）柱子横向摆放

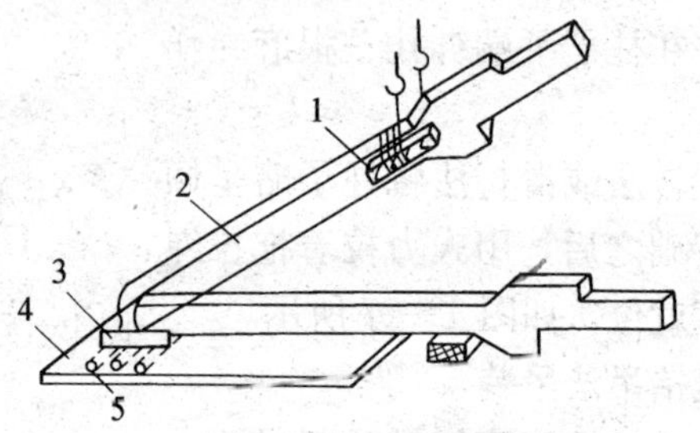

图 4—29　抬吊时柱子下端滚杠的布置
1—垫块　2—柱子　3—槽钢　4—走扳　5—滚杠

2. 双机抬吊两点绑扎吊装

双机抬吊两点绑扎的操作方法如图 4—30 所示。

(1) 先将柱子横向摆放好，柱子的两个绑扎点与基础中心线应分别在两台起重机固定回转半径的圆弧上，如图 4—30a 所示。

(2) 根据计算使主机吊上端，副机吊下端，将绑扎吊索挂钩。

(3) 在统一指挥下，两台起重机同时提升吊钩，当吊钩提升至柱子竖直且底端离地面 10～30 cm 时停止提升，如图 4—30b 所示。

(4) A、B 两机的起重臂同时向基础中心旋转，此时 B 机只旋转吊钩而不提升，A 机则一面旋转一面缓慢提升吊钩，如图 4—30c 所示，直至柱子从水平位置变为垂直位置。

(5) 两机同步缓慢落钩，将柱子就位于基础内。

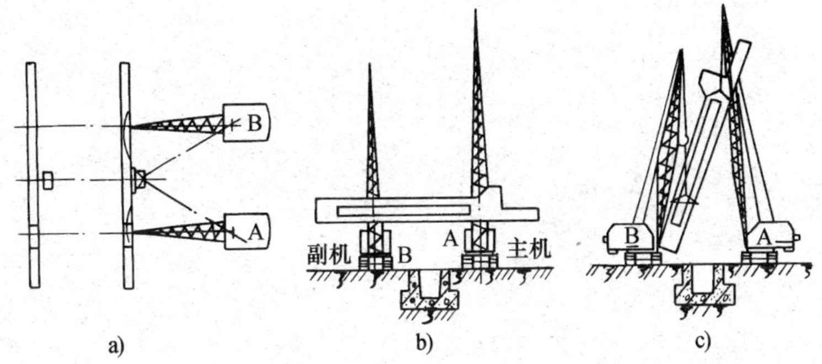

图 4—30 双机抬吊两点绑扎吊装

a) 平面布置示意图 b) 双机同时起钩示意图

c) 双机同时向基础旋转示意图

练 习 题

1. 起重作业的基本操作方法有哪些？
2. 使用撬作业方法时应注意哪些事项？
3. 阐述顶与落的起重作业方法。
4. 如何使设备旋转一定的角度？

5. 阐述捆绑、起吊注意事项。
6. 吊点位置的选择原则是什么？
7. 什么是二次翻转法？
8. 如何进行大型铸锻件的翻转？
9. 设备吊装完成后应如何对设备进行校正？
10. 柱子的吊装方法有哪几种？滑引法是怎样吊装物体的？
11. 什么是提的起重作业方法？
12. 什么是扳倒法？
13. 常见的设备运输方法有哪几种？
14. 常见的设备装卸方式是什么？

第五单元　桅杆起重机吊装作业

本单元知识点：

- 桅杆起重机的分类、性能及结构
- 桅杆的组立方法
- 单、双桅杆和人字桅杆吊装作业

大型设备和结构的吊装多采用桅杆起重机，本单元主要介绍常用桅杆起重机的分类、基本参数、性能，并进一步分析桅杆式起重机吊装设备的工艺过程。

第一模块　桅杆起重机

桅杆又称扒杆或抱杆，它与滑车组、卷扬机相配合构成桅杆式起重机。它具有制作、安装和拆除方便，起重量较大，对现场适应性较好的特点，因而得到广泛应用。

一、桅杆起重机的分类

桅杆起重机按材料分类有木制桅杆和金属桅杆，如图 5—1 所示。

1. 木制桅杆

木制桅杆多采用材质坚韧、笔直的松木或杉木等，起重高度一般为 8～12 m，起重量 3～5 t，规格及性能见表 5—1。

若起重量超过 50 t 或起重高度超过 12 m 时，可采用组合桅杆，即把两根或多根圆木用直径约 10 mm 的钢丝绳或 8 号铁丝

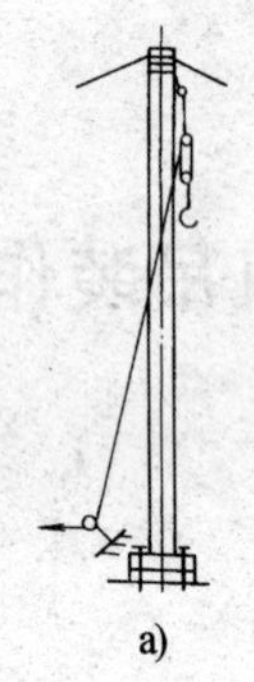

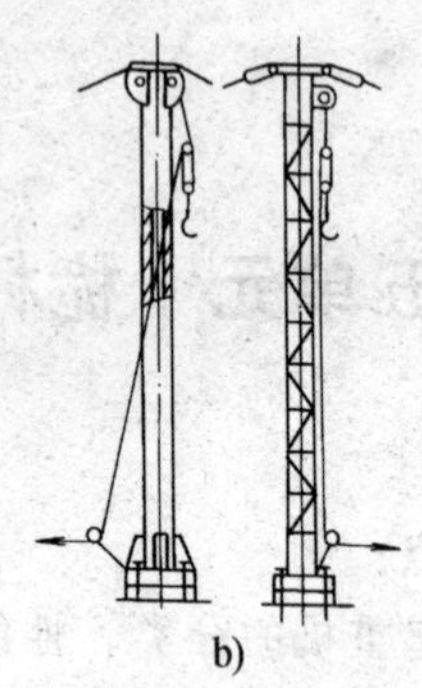

图 5—1　桅杆的种类
a）木制桅杆　b）金属桅杆

绑扎，绑扎空隙用小木条填实，搭接成一根桅杆，必要时可在桅杆中部捆绑加强杆，搭接方法如图 5—2 所示。

表 5—1　　　独木桅杆的规格及性能

起重量/t	桅杆长度/m	桅杆顶端直径/cm	缆风绳直径/mm	起重滑车组			卷扬机钢丝绳拉力/kN
				钢丝绳直径/mm	定滑车轮数/个	动滑车轮数/个	
3	8.5	20	15.5	11.5	2	1	10
	11.0	22	15.5	11.5	2	1	10
	13.0	22	15.5	11.5	2	1	10
	15.0	24	15.5	11.5	2	1	10
5	8.5	24	15.5	15.5	2	1	30
	11.0	26	20.0	15.5	2	1	30
	13.0	26	20.0	15.5	2	1	30
	15.0	27	20.0	15.5	2	1	30
10	8.5	30	21.5	17.5	3	2	30
	11.0	30	21.5	17.5	3	2	30
	13.0	31	21.5	17.5	3	2	30

2. 金属桅杆

金属桅杆有管式和桁架式两类。金属管式桅杆一般由无缝钢管制成。为便于搬运和拆装，可将桅杆分成几段，每段的端部用法兰连接，根据起吊高度将几段连接起来使用；也可用焊接方法加长，焊缝应开坡口并用角钢补强。焊接结构如图 5—3 所示。

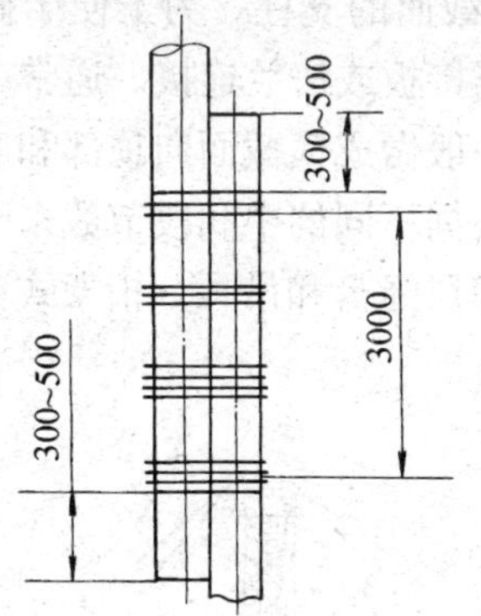

图 5—2　木桅杆的搭接

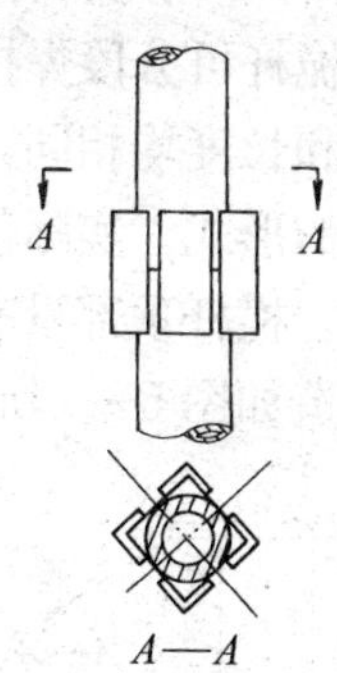

图 5—3　管式桅杆焊接结构示意图

管式桅杆顶部设有缆风绳盘和吊耳，滑车组通过吊钩或卡环连接在吊耳上，桅杆底部设有法兰底座，如图 5—4 所示。管式桅杆起重量一般小于 30 t，起重高度在 30 m 以内。金属管式桅杆的规格和性能见表 5—2。

表 5—2　　　　金属管式桅杆的规格和性能

起重量/t　高度/m 规格/mm	8	10	12	15	20	25
ϕ159×4.5	2.5	2	—	—	—	—
ϕ219×7	11	7	14	3	—	—
ϕ273×8	22	16	19	10	—	—
ϕ325×8	—	25	26	16	12	—
ϕ377×8	—	25	—	21	16	10
ϕ426×8	—	—	—	30	24	15

例：桅杆单面受力，ϕ273 mm×8 mm，高度为 15 m 的管式桅杆，问吊重约为多少？（桅杆大致垂直于地面，缆风绳正常布置）

解：查表 5—2 可知，起重量为 10 t。为安全起见，使用时应不超过 10 t。

金属桁架桅杆一般用 4 根等边角钢作为主要杆件（称为主肢），用各种形式的腹杆连成一方形截面的支柱。为了便于搬运和拆装，桅杆可分段焊接，中间用连接板或法兰连接。通常中间各段结构和长度均相同，首尾两段一般做成横截面向顶部和底端逐渐缩小的形式。实际使用时，可根据不同的中间段节数来改变桅杆高度。桅杆顶部设有缆风盘、缆风绳盘和吊耳。桁架式独脚桅杆的构造如图 5—5 所示。

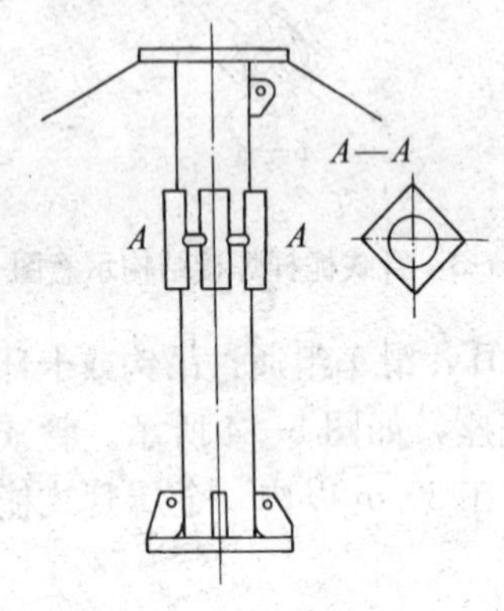

图 5—4 金属管式桅杆

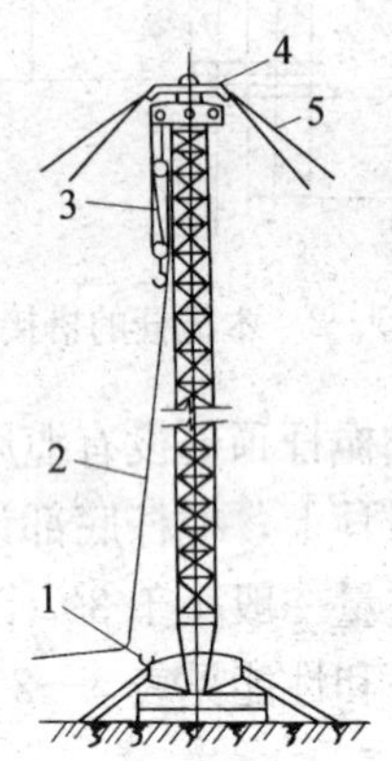

图 5—5 桁架式独脚桅杆示意图

1—导向滑车 2—钢丝绳 3—起重滑车组 4—缆风盘 5—缆风绳

二、独脚桅杆

1. 独脚桅杆的构造

独脚桅杆又称独脚扒杆、独脚抱子等。在各种起重吊装作业中，独脚桅杆是各类起重机械中最简单的一种。它由一根圆木或金属杆和滑车组、缆风绳及导向滑车等组成。木制的独脚桅杆起重机如图 5—6 所示。由图可见，在桅杆的顶部系有缆风绳和系挂滑车组用的系紧绳及横支撑木，在底部设有导向滑车，用以改变跑绳的方向。在导向滑车的相反方向系有固定桅杆脚的缆绳。有时为了便于移动，桅杆的底部可设置一个支座。

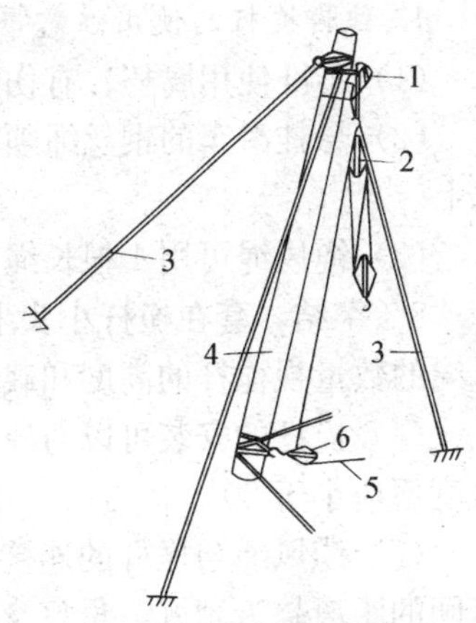

图 5—6 独脚桅杆起重机

1—横支撑木 2—滑车组 3—缆风绳 4—木桅杆 5—跑绳 6—导向滑车

独脚桅杆是用缆风绳来固定的，缆风绳一般为 4～6 根。缆风绳之间的夹角应均匀设置，以使缆风绳在桅杆起吊重物时受力均匀。绳与地面间的夹角一般不大于 45°，只有在特殊的情况下才增大至 60°。因为增大缆风绳与地面的夹角，会使桅杆、桩锚和缆风绳的受力增大，降低桅杆的起重量，因此，在作业现场条件许可的情况下，缆风绳与地面间的夹角应尽量小一些。

2. 独脚桅杆的材料、性能

用作独脚桅杆的材料有圆木和金属，其性能见表 5—1 和表 5—2。

3. 独脚桅杆的绑扎

桅杆的绑扎是一项很重要的工作，对起重作业的安全起着很重要的作用。独脚桅杆的正确绑结方法如图 5—7 所示。在桅杆的顶部用“8”字结（猪蹄扣）系结缆风绳，在顶部系挂滑车组用的绳也用以上同样的绳结。用钢丝绳时，一般都使用两端都带有绳环的千斤绳，将滑车组的吊钩挂在两个绳环中，为便于滑车组的垂线与桅杆有一定的偏心距以及重物的起吊，一般在钢丝绳与木桅杆间放置一块横支撑木。

4. 独脚桅杆的使用注意事项

（1）不准使用腐朽、有伤疤的木杆。

（2）悬挂滑车的钢丝绳须在桅杆上部绕 2 圈后落在横支撑木之上。

（3）缆风绳可用 1 根长绳（也可用 2 根绳索）在其中间结一个“8”字结，套在桅杆小头上。绳头绕 1 圈后须压在下面。缆风绳的数量视桅杆的高度和载荷大小而定，一般不得少于 4 根。

（4）桅杆的安装可以与地面垂直，也可与地面成一角度，但角度不应小于 80°。

（5）缆风绳与桅杆的连接，以及滑车绳与桅杆的连接，其两点间的距离越近越好，最好交于一点，以防止桅杆的横向弯曲。图 5—8 所示为一种错误的绑法，滑车绳与拖拉绳之间的距离较大，易使木桅杆产生横向弯曲。

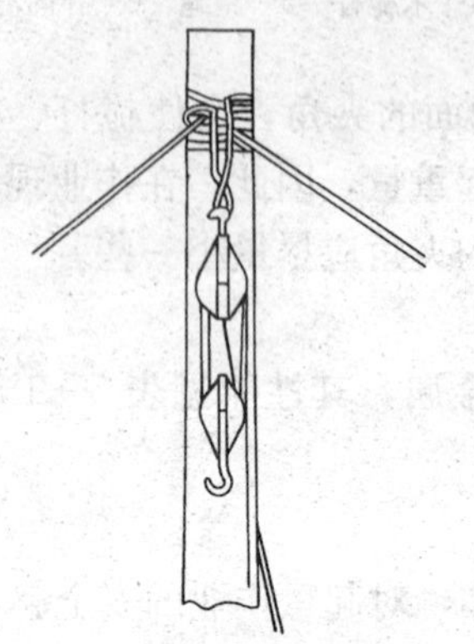

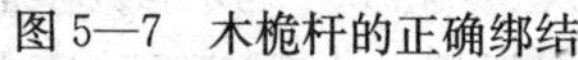

图 5—7　木桅杆的正确绑结

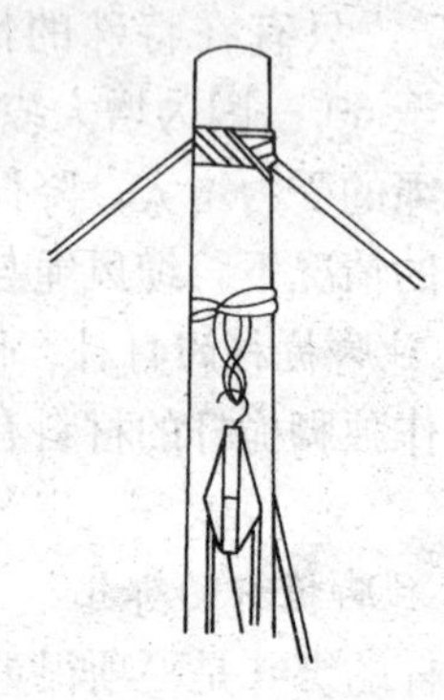

图 5—8　木桅杆的错误绑法

（6）独脚木桅杆起重机的选择见表 5—1。

三、人字桅杆

人字桅杆又称为“两木杆”和“两木搭”，它由两根圆木或无缝管交叉捆绑成人字形而成，如图 5—9 所示。在两根圆木顶部的交叉处，一般搭成 25°～35°的夹角，在交叉处用一定粗细的钢丝绳绑扎（起重量较小时也可用麻绳绑扎），并在交叉处系结缆风绳和系挂一副起重滑车组，利用人力或卷扬机来起吊重物。在两根圆木中的一根根部设置一个导向滑车，使起重滑车组绳索的引出端经导向滑车引向卷扬机。在桅杆两脚之间，用绳索连接固定，防止桅杆在起吊重物时两脚向外滑移。如桅杆需倾斜起吊重物，应注意在倾斜方向的前方，在桅杆根部用绳索固定两脚，以免桅杆受力后向后滑移。

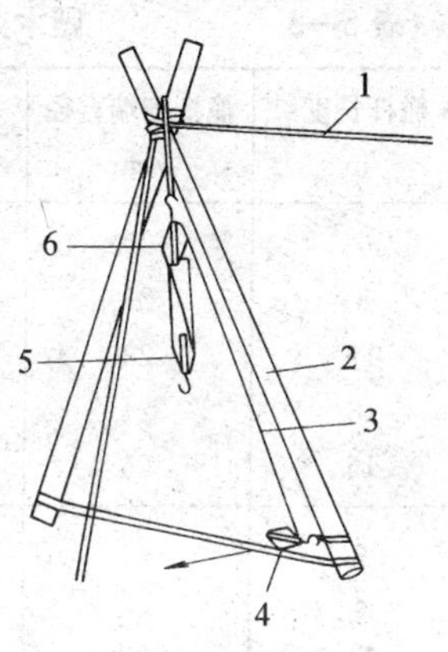

图 5—9　人字桅杆

1—缆风绳　2—桅杆　3—跑绳

4—导向滑车　5—动滑车

6—定滑车

1. 圆木人字桅杆的性能

圆木人字桅杆与独脚木桅杆相比，虽然在构造上比独脚木桅杆多一根圆木，但具有横向稳定性好、架设和移动方便、起吊能力大、可起吊较大体积的重物等优点，而且能改变桅杆的竖立角度，使被吊重物可在水平方向移动一小段距离。因此，在起重作业中以人字桅杆吊装重物应用得比较广泛，它适用于检修设备、做临时吊装工作及装卸车等。圆木人字桅杆的规格和性能可参见表 5—3。

由表中可知圆木人字桅杆的桅杆长度为 6～15 m，起重量为 3～15 t，其起重量大小与圆木和地面的夹角有关。当圆木与地平面的夹角增大时，其起重量也增大。在使用时可根据被起吊重物的大小按表 5—3 进行选择，如有超出表中所列的数值时，则必须进行强度和稳定性核算。

2. 圆木人字桅杆的绑扎

圆木人字桅杆两圆木间的夹角太小时，人字桅杆的稳定性较差，两圆木间的夹角太大时，则桅杆的受力就越大，因此，在架设时应作全面考虑。如果圆木有弯曲，需将弯度向外。

表 5—3　　圆木人字桅杆规格及性能

桅杆长度 /m	桅杆细端直径 /cm	桅杆与地面夹角 α 及起重量/kg		
		75°	65°	55°
6 8 11 13 15	20 21 23 24 25	5 000	3 750	30 00
6 8 11 13 15	26 27 28 29 30	9 000	7 000	5 000
6 8 11 13	31 32 33 34	15 000	12 500	10 000
示意图		α　30°　H　$\frac{H}{2}$		

绑扎圆木人字桅杆交叉处的绳扣时，可按下列步骤进行：第一步，先将两根圆木（见图 5—10）的一端交叉成一定的角度平放在地面上，在其下面的一根桅杆 d 上系木结（背扣）；第二步，围绕 c、d 两圆木的交叉处绕 10 圈以上，如图 5—10a 所示；第三步，围绕圆木 c 绕一圈，绳头需从本次绕绳底部绕出，如图 5—10b 所示；第四步，围绕 c、d 两圆木交叉处上、下绕 3～4 圈（一般叫打围脖），如图 5—10c 所示，第五步，将绕出的绳头

在 d 杆头部绕 3～4 圈，方法同第三步（即对结），绳头用 8 号铁丝绑紧或用铁钉钉牢。

人字桅杆起重滑车的系挂形式如图 5—11 所示。

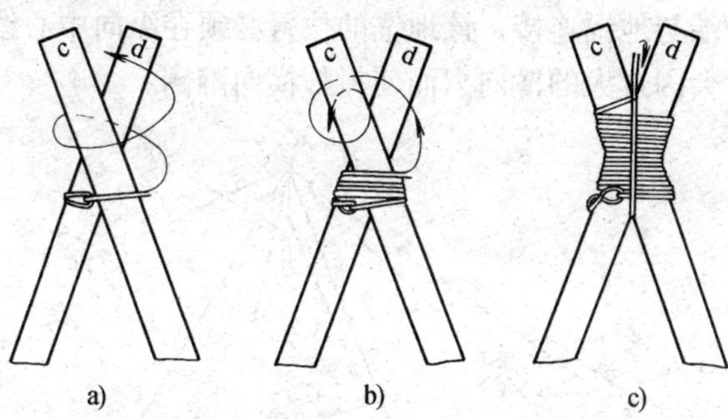

图 5—10　圆木人字桅杆的绑扎

在圆木人字桅杆上，把一根千斤绳从桅杆顶部交叉处骑跨在中间，两个绳扣向下，系挂滑车组。或将系挂滑车组的钢丝绳扣一端，拴在两小头上，分别交叉围绕一圈成“8”字形，再穿滑车组的卸扣，将卸扣吊在交叉处的下面，滑车组挂在卸扣上。

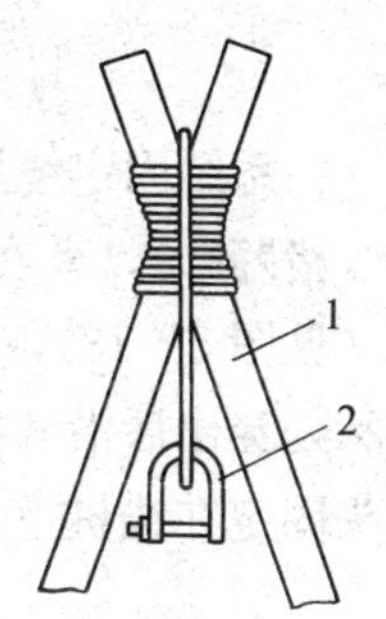

图 5—11　人字桅杆起重滑车组的系挂

1—人字桅杆　2—卸扣

圆木人字桅杆的缆风绳一般有可调节和不可调节两种形式。不可调节的缆风绳是在桅杆的纵向布置 4 根固定的缆风绳，缆风绳与纵向中心线之间的夹角一般在 15°～25°之间（即 2 根缆风绳之间的夹角为30°～50°）。2 根缆风绳与纵向中心线之间的夹角应相等，这样在起吊重物时，2 根缆风绳的受力相同，桅杆的稳定性好。图 5—12 所示为可调节缆风绳，它能够调节桅杆的倾斜角度，即在桅杆吊重的相反方向（受力缆风绳）串绕一导向滑车组，用以调节缆风绳的长度，在吊重的相同方向用 2 根缆风绳（即稳定缆风绳），2 根缆风绳与纵向中心线的夹角和不可调缆风绳与纵向中心线的夹角相同。可调缆风绳所串绕的一导向滑车组，其一端与桅杆的交叉处用千斤绳连接，另一端与地锚连接。该地锚的位置必须在纵向中心线上，否则受力后会因过大的横向力而使桅杆横向翻倒。

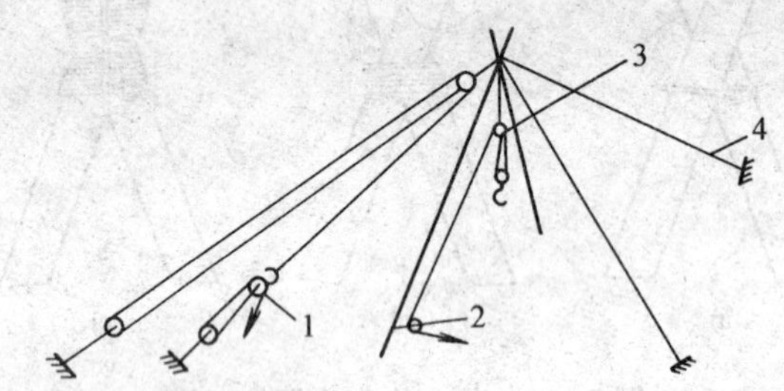

图 5—12　人字桅杆的可调节缆风绳

1—调节链条葫芦　2—导向滑车　3—起重滑车　4—固定缆风绳

在系结固定缆风绳时，可将一根长绳的中间结一个“8”字结（猪蹄扣），套在桅杆的交叉处，并将绳头分别在交叉处绕 1 圈（见图 5—13），再将绳头从 c 的后部经交叉处绕到前面，从交叉处穿出后沿 d 杆的前部绕向后方，然后，从交叉处穿出，将绳头固定在锚桩上，如图 5—13a 所示。绳头 b 在交叉处沿 d、c

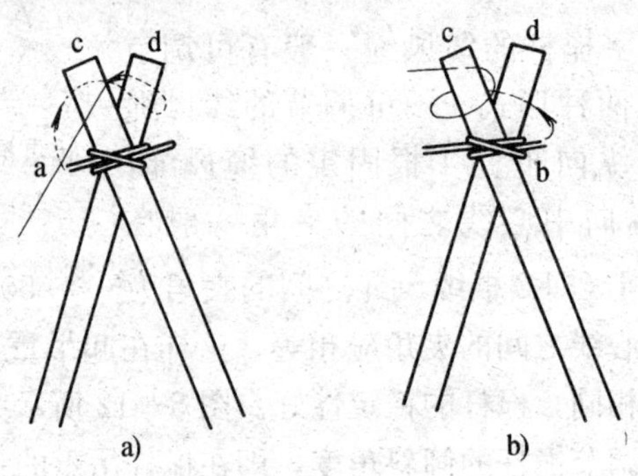

图 5—13　缆风绳的固定

杆的后部绕向前方，然后，从交叉处折向后方，将绳头固定在锚桩上，如图 5—13b 所示。

3. 人字桅杆的使用注意事项

人字桅杆在使用时应注意以下几点：

(1) 人字桅杆的夹角一般在 25°～35°之间，夹角不宜过大，以免增加桅杆的附加弯矩，减少起重量。

(2) 用作人字桅杆的圆木有弯曲时，需将弯曲处向外，不能用腐朽的木材作桅杆。

(3) 人字桅杆的缆风绳一般为 4 根，在吊重方向的前后各为 2 根，并应与人字桅杆的纵向中心线对称。

(4) 人字桅杆的两脚间应有连接绳，防止桅杆脚受力时向外滑移。

(5) 在设有导向滑车的桅杆根部，应当设置与跑绳受力方向相反的系紧绳，以防止受力时桅杆移动。在斜吊时，应在倾斜方向的前方用绳索固定桅杆的根部。

四、三脚桅杆

在起重作业中，除使用独脚桅杆和人字桅杆外，根据作业的情况还可使用三脚桅杆和三脚架。三脚桅杆是人字桅杆的变形发展。三脚桅杆或三脚架架设比较方便、灵活，稳定性可靠，不需要设置缆风绳。

1. 三脚桅杆的绑扎方法

三脚桅杆是用三根圆木或钢管在其一端用绳索捆扎而成。在捆扎三脚桅杆时，将 2 根圆木（或钢管）放在下面，一根放在上面。在需要绷扎的一端用枕木或其他物件将其垫高，然后，在其中一根圆木的绑扎部位打一个系木结，在捆扎的部分绕上十多圈。绕时松紧要适度均匀，在绕最后几圈时，连续打几个扒扣，最后将绳头用铁丝或铁钉固定。

另一种方法是先将 2 根圆木（或钢管）交叉成一定的角度放在枕木上，然后，在上面放一根，形成如图 5—14 所示的形式。

在交叉的地方按绑扎人字桅杆第一、第二步方法绕上十多圈，再在两个交叉处的上下各绕上2～3圈，最后，按绑扎人字桅杆的最后一步将绳索固定。

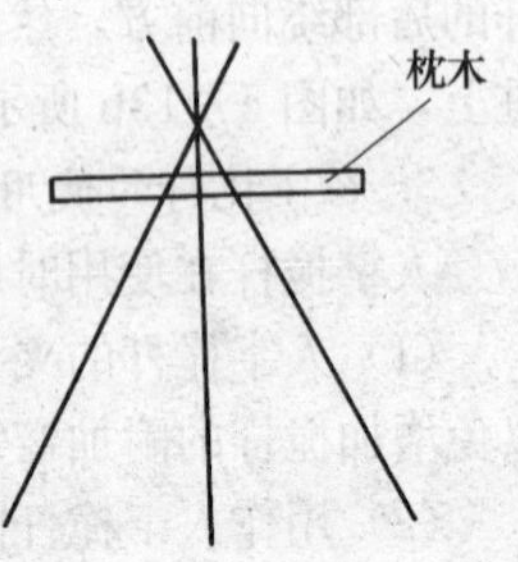

图 5—14　三脚桅杆的绑扎示意图

2. 三脚架

三脚架桅杆是用三根圆木（或无缝钢管）将其顶部连在一起。三脚架顶部的连接方式一般为铰接式。铰接式主要用于钢管三脚架桅杆，其结构如图 5—15 所示。

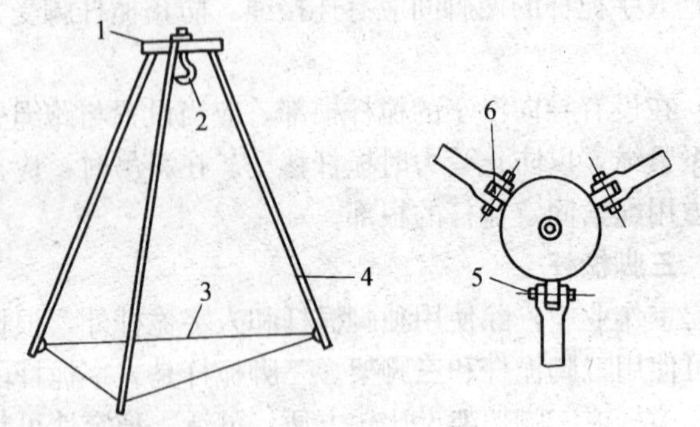

图 5—15　三脚架桅杆结构示意图

1—圆盘　2—钓钩　3—固定绳

4—无缝钢管　5—轴销　6—吊耳

铰接式三脚架桅杆主要由圆盘、吊耳、轴销、接头、无缝钢管等组成。吊耳焊接在圆盘上，接头通过轴销与吊耳连在一起，可直接插在无缝钢管内，或将接头与无缝钢管焊接在一起成为一体。在顶部圆盘的中间开一个孔，吊钩穿过小孔并固定于圆盘上。

无缝钢管的直径一般为 70～100 mm，长度为 5 m 左右。三脚架的起吊重量一般不超过 2 t。

3. 三脚桅杆及三脚架的使用注意事项

三脚桅杆与三脚架一般在施工现场无电源、缺乏其他合适的起重设备，且起重量比较小的情况下使用。根据起重量的大小选择圆木或钢管的三脚桅杆或三脚架。选择的原则是起重量较小时使用圆木绑扎成的三脚桅杆或三脚架，起重量较大时则选用钢管的三脚桅杆或三脚架。在架设时，桅杆三只脚之间的距离应近似相等，桅杆与地面间夹角一般在60°～70°之间，并可根据起重量的大小和桅杆直径的大小调整角度。夹角增大时，起重量减少；反之，起重量增加。在架设时桅杆三只脚的距离需用绳索固定，以免在吊重时桅杆脚向外滑移而发生危险。在土质疏松的地面上架设三脚桅杆时，可以在杆脚下垫以木板，用以增加杆脚与地面的接触面积，防止在吊重时杆脚下陷。吊重时，三脚桅杆的三只脚要受力均匀，重物的重心应在三脚桅杆的中心线上。

五、其他类型的桅杆起重机

1. 系缆式桅杆起重机

系缆式桅杆起重机由主桅杆、回转桅杆、缆风绳、回转杆起伏滑车组、起重滑车组及底座等组成，如图5—16所示。

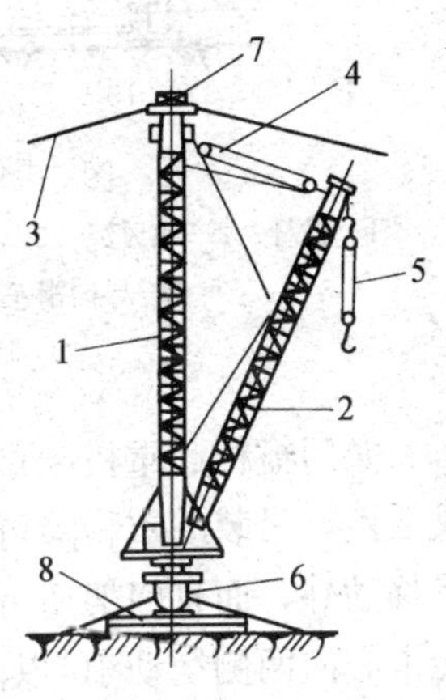

图5—16　系缆式桅杆起重机示意图

1—主桅杆　2—回转桅杆　3—缆风绳　4—回转杆起伏滑车组　5—起重滑车组　6—转盘　7—顶部结构　8—底座

系缆式起重机的主桅杆上部用缆风绳固定成垂直位置，起重桅杆底部与主桅底部用铰链相连接不能移动，但可倾斜任意角度。大部分系缆式起重机的起重杆可与主桅杆一起旋转360°，在桅杆臂长的有效范围内，能将重物在空间任意搬运。

系缆式桅杆起重机有管式动臂桅杆、回转动臂桅杆、半腰动臂桅杆三种。

2. 龙门桅杆起重机

如图 5—17 所示，龙门桅杆起重机主要由两幅独脚桅杆加上横梁所组成，桅杆顶部系有缆风绳，以稳固龙门桅杆，其横梁上装有滑车组或电动葫芦，以进行起重作业。

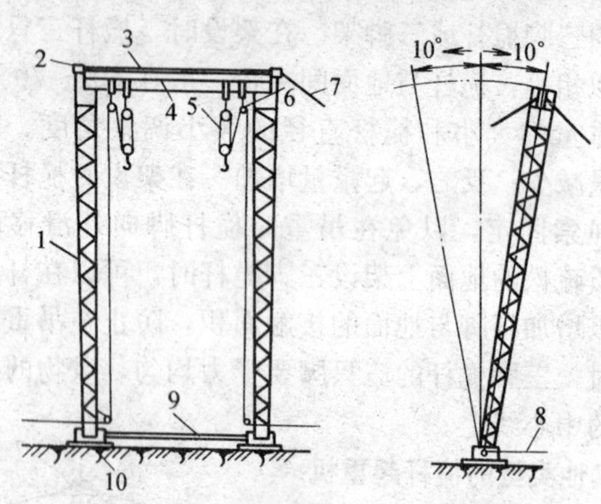

图 5—17　龙门桅杆起重机构造

1—桅杆　2—缆风绳　3—平缆风绳（刚性连接）　4—横梁　5—滑车组　6—导向滑车　7—斜缆风绳　8—横向缆风绳　9—底座连接装置　10—底座

龙门桅杆起重机起重量大，工作稳定，安全可靠，有较大的灵活性，吊装的重物除可以在两副独脚桅杆组成的平面内任意位置移动外，而且门架还可用滑车组调节缆风绳，使其以底座为回转中心向两侧摆动 10°以内的角度，使所吊重物有更大的活动空间。

六、缆风绳

桅杆需用缆风绳来保持其空间位置稳固。缆风绳是稳定桅杆和分担桅杆负载的一种索具。缆风绳常采用 6×19 的钢丝绳。缆风绳的受力分配是由缆风绳的空间角度、方位、缆风绳受力后的弹性伸长量等确定的。对于载荷大、受力复杂的桅杆，在选择缆风绳规格时，是将总拉力用力的分解的方法分配到每根缆风绳上，取其中单根缆风绳最大拉力值为依据，缆风绳的安全系数一般为3.5。选取桅杆的缆风绳数量的原则是：一般独脚桅杆不少于5根，回转式桅杆不少于6根，人字桅杆不少于4根；当桅杆高度在20 m以上时，应适当增加缆风绳的数量。

一般独脚桅杆顶部有5～6根缆风绳，但并非所有缆风绳均受力，因此，在布置缆风绳时应尽量使受力缆风绳与缆风绳总数比例较大为好，一般为50%。缆风绳在平面的配置情况应根据不同的桅杆形式有所区别，当桅杆承受的载荷对称于桅杆的轴心时，则缆风绳沿360°范围内作均匀布置，如8根缆风绳的布置，缆风绳的夹角一般为45°，如图5—18a所示，倾斜单桅杆与动臂桅杆的缆风绳布置如图5—18b、图5—18c所示。

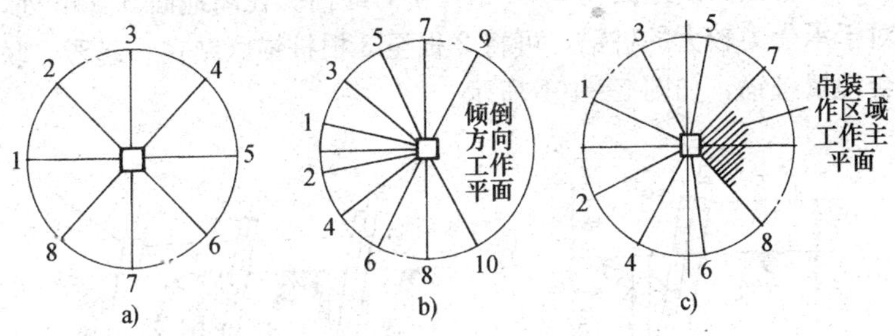

图5—18　缆风绳布置图

a）均匀布置的缆风绳平面图　b）倾斜单桅杆的缆风绳

c）动臂桅杆的缆风绳

缆风绳的长度一般为桅杆高度的2倍以上，与地面夹角一般以30°为好，最大不得超过45°。缆风绳在地面上的位置距桅杆越远，其与地面夹角越小，对桅杆的位置就越好。缆风绳跨越公路或其他障碍物时，距路面的高度一般不得低于6 m，一些临时拖拉绳跨过道路时一般距路面最低不能低于5 m，并要加醒目标志，以免阻挡交通或发生碰撞事故。

七、地锚

地锚是用于固定卷扬机、导向滑车、各种桅杆起重机的缆风绳等的固定设施，有桩锚和坑锚之分。

1. 桩锚

桩锚是一种简单的临时性地锚，它适用土质地层，允许的承载力小，桩的长度一般为 1.5～2 m，入土深度为 1.2～1.5 m。根据桩锚放入土中的方式不同，可以分为埋置桩锚和打桩桩锚两种。

（1）埋置桩锚。埋置桩锚如图 5—19a 所示，它是把圆木或钢管倾斜埋人预先挖好的锚坑之中，其倾斜度一般为 10°～15°。为增加桩锚的受力，在桩锚两边各放一根挡木，然后，用黏土碎石夯实。桩锚表面要填一层三合土，以防雨水渗透而降低桩锚抗拉力。桩锚露出地面 0.6～1 m，受力绳捆绑在离地面 0.3 m 处，对于承受力较大的桩锚，可将 2 根至 3 根桩锚联结在一起形成联合埋置桩锚，如图 5—19b 所示。

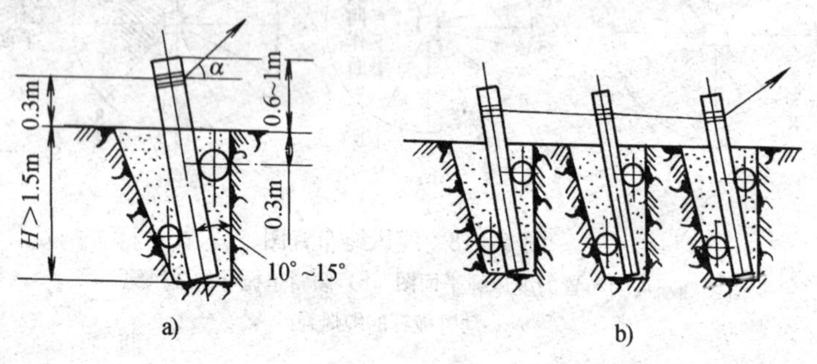

图 5—19　埋置桩锚

a）埋置桩锚　b）联合埋置桩锚

（2）打桩桩锚。打桩桩锚是将圆木或钢管倾斜 10°～15°打入土层中，依靠土壤对桩锚的镶嵌作用，使其承受一定的拉力。打桩桩锚结构尺寸如图 5—20a 所示。打桩桩锚承受载荷能力较小，但设置简便，省时省力，故在起重作业中仍然使用较多。对于承受较大载荷的桩锚，可将 2 根或 3 根桩锚联结在一起，组成联合打桩桩锚，如图 5—20b 所示。

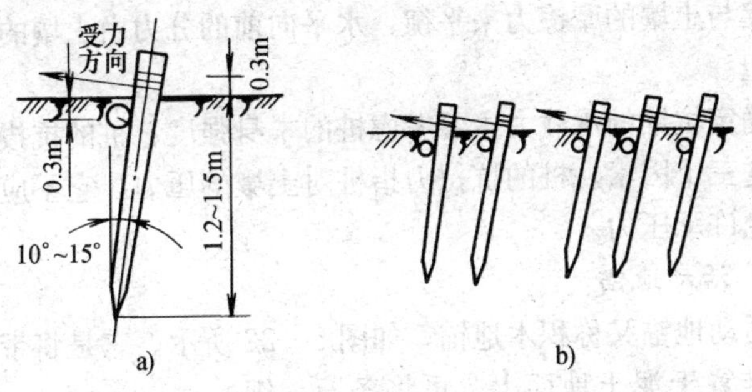

图 5—20　打桩桩锚

a）打桩桩锚示意图　b）联合桩锚示意图

2. 坑锚

坑锚又称“卧式地锚”“困龙”等。坑锚比桩锚承载能力大，一般承载力可达 30～500 kN，所以，大型桅杆起重机缆风绳的固定、重型设备的起重滑车牵引索导向轮的固定等，多采用坑锚固定。

坑锚按锚桩的结构型式可分为无挡木坑锚、有挡木坑锚和混凝土坑锚三种，如图 5—21 所示。

坑锚在埋设前，首先根据锚碇的长短挖一个锚坑，将钢丝绳系结在锚碇中间一点或对称系结在两点，把锚碇横放坑底并将钢丝绳在坑前部倾斜引出地面，倾斜角度一般在 30°～50°之间，然后，用土和碎石回填夯实。设置地锚时可以适当洒水，使回填土密实，以增加地锚

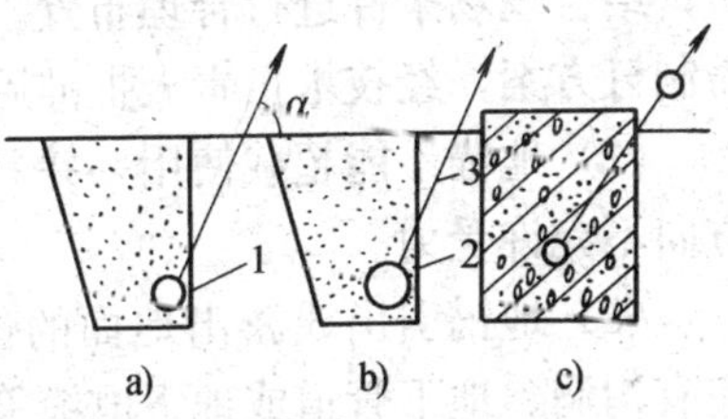

图 5—21　坑锚

a）无挡木坑锚　b）有挡木坑锚

c）混凝土坑锚

1—锚桩　2—挡木　3—引出钢丝绳

抗拔力。

坑锚的钢丝绳倾斜引出地面，其受力后可分解为一个垂直向上的分力和一个水平向前的分力。垂直向上的力由回填土的重力及锚碇与土壤的摩擦力来平衡，水平向前的分力由土壤的耐压力来承担。

确定坑锚的承载力主要考虑桩的本身强度、桩的抗拔力和抗拉力这三个因素。桩的抗拉力指桩对土壤的压力，它不应超过土壤的允许承压力。

3. 活动地锚

活动地锚又称积木地锚，如图 5—22 所示。它是将带爪的承重底排置于泥土地面上，再将条石、钢锭、混凝土块等堆砌组合而成。活动地锚的压重比拉力大 2～2.5 倍比较合理，利用其与地面的摩擦力及土的黏聚力、插板前方被动土阻力来承受横向拉力。活动地锚的设置简便，耗用材料少，移动拆除都较方便。

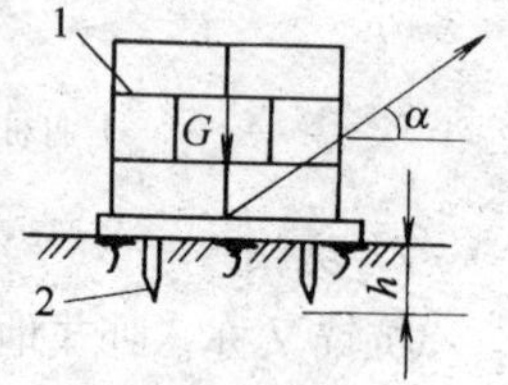

图 5—22 活动地锚示意图
1—配重 2—插板

4. 地锚使用注意事项

(1) 设置地锚时必须明确所受的载荷，结合现场条件进行合理布置。对重要吊装设备的地锚的设置需制订方案，经技术负责人批准后方可实施。

(2) 地锚不能超载使用，并只允许在规定的方向受力，其他方向不允许受力。

(3) 地锚引出线露出地面的位置及地锚两侧 2 m 范围内不应有沟洞、地下管道或地下电缆等。

(4) 坑锚中埋入的方木、木板、钢管、型钢及钢丝绳等必须事先进行检查，如发现规格尺寸与规定不符或有裂痕、机械压伤、严重锈蚀、断丝等缺陷，均不得使用。坑锚埋入时间须超过 2 个月的，应进行防腐处理（木材采用煤焦油防腐，金属材料采用沥青防腐）。

（5）地锚附近特别是受力前方不允许取土，地锚拉绳与地面的水平夹角在30°左右。夹角过大会使地锚承受过大的竖向拉力而影响正常使用。地锚的出绳角必须注意角度合理，若与缆风绳的角度不一致，将会使缆风绳出现非弹性伸长。

（6）若利用现场构筑物作锚点或固定索具时，应注意其一般垂直方向承载能力比水平方向承载能力强。使用时，须事先查清有关构筑物的允许承载能力和受力方向，经过核算，并征得有关部门的同意后方可使用。

第二模块　桅杆的组立、移动和放倒

使用桅杆起重机前必须先将桅杆组立起来。桅杆组立的方法应根据桅杆的高度、重量、现场环境、机具条件和技术水平等因素来确定。对于高度和重量不大的桅杆可直接用人力安装组立，并应尽量利用运行式起重机、打桩机或已安装好的金属构架等构筑物来竖立。对于高度和重量都很大的桅杆，在没有构筑物可利用或缺少大型起重机的情况下，一般采用辅助桅杆来竖立，其方法有滑移法、旋转法和扳倒法等几种。

一、滑移法

如图5—23所示，竖立主桅杆前，先将主桅杆置于木滚排上，使主桅杆重心与主桅杆安装点尽量重合。在主桅杆安装处，先竖立辅助拉杆，其高度约为主桅杆高度的一半加3～3.5 m。在主桅杆重心以上约1～1.5 m处系结一吊索，将吊索挂在辅助拉杆的起重钩上，仔细检查无误后，启动卷扬机，逐步吊起主桅杆。此时，主桅杆的下端沿着地面拖动，直到主桅杆底部滑移到安全点为止。主桅杆基本竖直后，收紧缆风绳，找正主桅杆，使主桅杆竖立在安装地点。滑移法组立桅杆较旋转法和扳倒法受力状况好，也最安全，但所需辅助拉杆较高，且竖立辅助拉杆所耗用的人力较多。

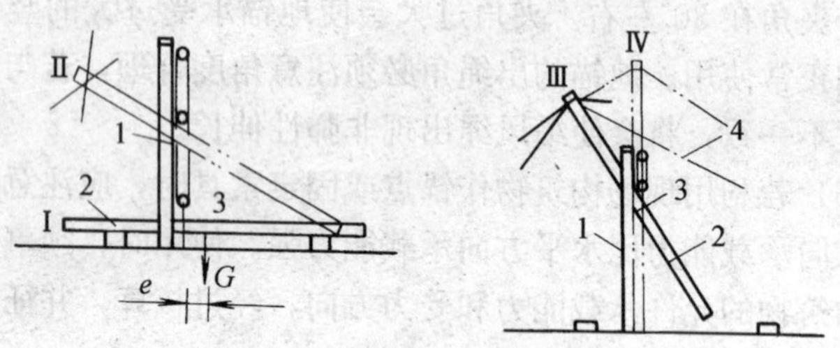

图 5—23　滑移法竖立桅杆

1—辅助拉杆　2—主桅杆　3—重心位置　4—缆风绳

二、旋转法

用旋转法竖立桅杆如图 5—24 所示，其步骤为：在桅杆安装位置附近竖立辅助桅杆，其高度为桅杆长度的 1/3～2/3；将要组立的桅杆下端放在辅助桅杆近旁，用绳索系结或铰接的方法把它固定在安装底座上；在桅杆重心以上适当位置系紧吊索，并把它挂到辅助桅杆起重钩上；仔细检查后，开动卷扬机进行起吊，桅杆以下端为支点转动；当桅杆转到与地面成 60°～70°角时，开始拉动缆风绳并将桅杆竖直；固定缆风绳，使桅杆稳定。这种竖立方法所用的辅助桅杆的高度较滑移法低，缺点是不如滑移法受力好，且桅杆底部捆绑或铰链的加工和安装较复杂，操作有一定难度。

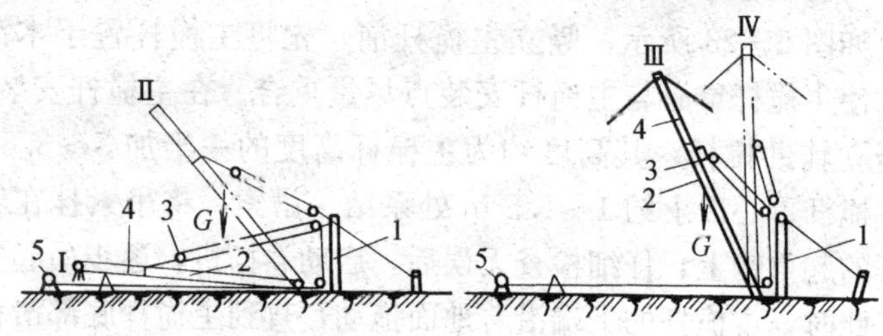

图 5—24　旋转法竖立桅杆

1—辅助桅杆　2—重心位置　3—起重滑车组　4—桅杆　5—卷扬机

三、扳倒法

扳倒法竖立桅杆如图 5—25 所示，它是利用辅助桅杆的旋转而将主桅杆竖立起来。主桅杆竖立前的放置方法与旋转法相同，但辅助桅杆是放在主桅杆的基座上，而旋转法的主桅杆是放在基底的近旁。在主桅杆重心以下适当位置用绳索系紧，并与辅助桅杆用千斤索连接起来并加以收紧，另外用起重滑车组将辅助桅杆与地锚连接起来。仔细检查无误后，开动卷扬机，利用滑车组将辅助桅杆扳倒，与此同时辅助桅杆牵动主桅杆逐步升起。起吊时主桅杆下的缆风绳要有专人看管，并随着主桅杆的逐步竖立而将缆风绳收紧或放松，防止主桅杆左右摆动。当主桅杆由水平位置旋转到60°～70°时，即可利用主桅杆上的缆风绳将主桅杆竖直并固定。

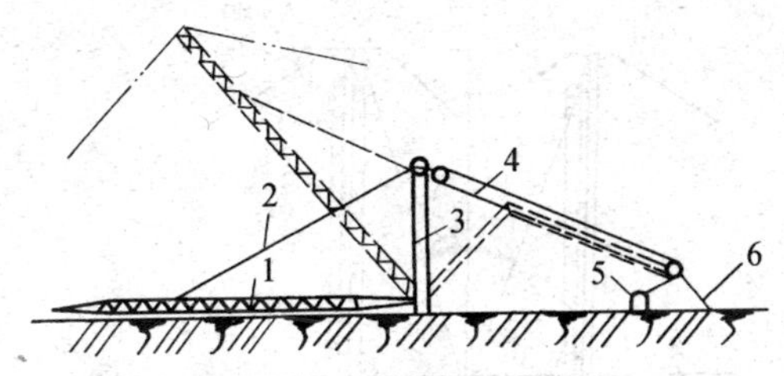

图 5—25　扳倒法竖立桅杆

1—主桅杆　2—千斤索　3—辅助桅杆　4—起重滑车组
5—卷扬机　6—地锚

这种竖立方法所用的辅助桅杆为主桅杆高度的 1/3～1/2，其缺点同旋转法相似。

四、用移动式起重机竖立桅杆

在有条件的地方应尽量利用移动式起重机竖立桅杆。移动式起重机竖立桅杆工序简单且效率高，具体使用时应注意以下几点：

1. 选择起重机要满足起吊桅杆的高度要求。

2. 放置桅杆的底座时，应注意对准导向滑车的方向。

3. 桅杆就位时应正确落于桅杆底座中心。

五、桅杆在站立状态下的移动

当采用两根或多根桅杆吊装多台设备时，在吊装一台设备后，需将桅杆移动到新的位置再吊装另一台设备，这种桅杆在站立状态下的移动，有间歇法和连续法。操作要考虑到桅杆在开始位置和最后位置时各缆风绳的伸缩长度、缆风绳与地面间的夹角、各锚点的受力方向和锚点的更换等因素，以使桅杆的移动快捷和安全。

1. 间歇法

如图 5—26 所示，在桅杆底脚处设置小滑排，在其前方设牵引索具，其后方设止推索具，桅杆前后的缆风绳一般都用卷扬机控制伸缩。

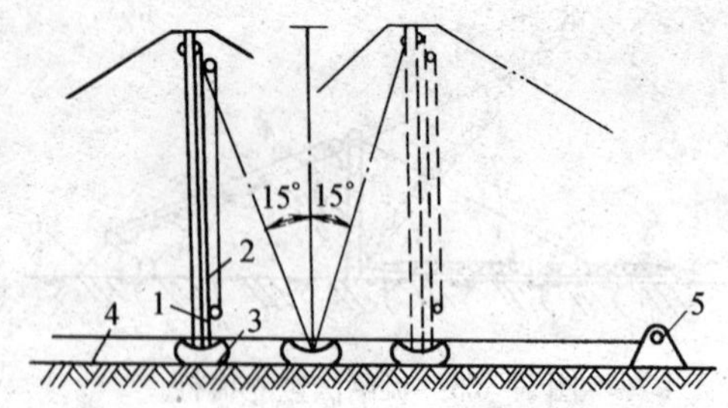

图 5—26　间歇法移动桅杆示意图

1—桅杆　2—滑车组　3—拖子　4—止推索具　5—卷扬机

间歇法的操作步骤为：

(1) 先逐渐放松后方的止推索具，同时相应收紧前方的牵引索具，桅杆底脚便向前移动，当桅杆向后倾斜 10°～15°时停止。倾斜幅度不得超过桅杆高度的 1/5。

(2) 放松桅杆后方缆风绳，同时相应收紧前方的缆风绳，使桅杆向前倾斜 10°～15°时为止。

(3) 放松后方的制动索具，同时相应收紧索引索具，使桅杆向后倾斜 10°～15°。

如此循环，使桅杆移动到预定位置。

2. 连续法

如图 5—27 所示，在杆底脚设置滑移装置，在其前方设置一套牵引索具（桅杆底部后方可不设止推索具），桅杆前后的缆风绳同样用卷扬机控制收放。

开始移动时，先放松桅杆后方缆风绳，同时收紧其前方的缆风绳，使桅杆前倾 3°～5°；桅杆底部排子的牵引索具也要同时动作，上部的缆风绳也要同时放松，使桅杆始终保持前倾 3°～5°的状态下移动，直至达到预定位置时停止。采用连续移动时，其桅杆倾斜幅度不得超过桅杆高度的 1/20～1/15，在整个移动中要统一指挥，密切配合，使桅杆完全处于受控状态，直至新的位置。

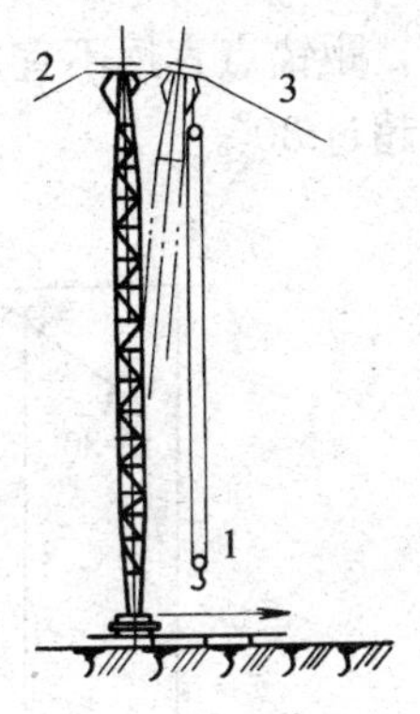

图 5—27　连续法移动桅杆示意图

1—牵引索具　2—后方拖拉绳　3—前方拖拉蝇

第三模块　单桅杆吊装工艺

单桅杆吊装使用机索具少，操作简单，使用方便，在施工中应用较多。单桅杆吊装设备可分为直立桅杆吊装和倾斜桅杆吊装，而被吊设备一般是直接在基础旁吊起后，拆除底排，移放到基础上即可。

一、直立单桅杆的吊装

直立单桅杆吊装示意图如图 5—28 所示，桅杆呈直立状态，在动滑车的吊索处（或吊物上），设置曳引索并串绕滑车组（力不大时可不拴滑车组），使起吊滑车组中心连线与桅杆呈一定角度。在保证被吊物件（设备、结构）不致碰杆的前提下，尽量减少其夹角。为了改善起吊滑车组的受力状况，当曳引索引向地面时，距锚点宜远不宜近，即曳引索与地面夹角 φ 越小越好，最大不超过 30°。

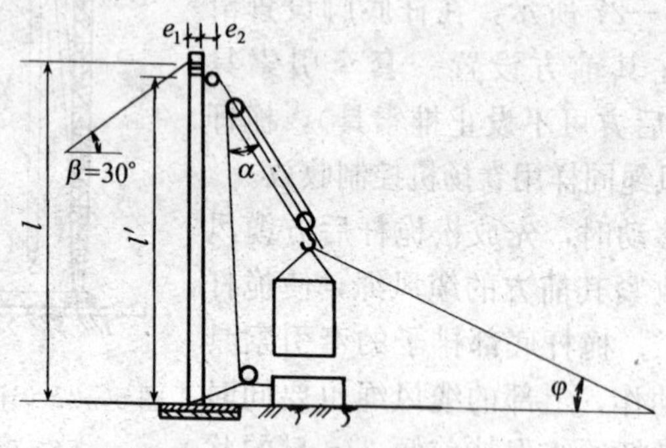

图 5—28　直立单桅杆吊袋示意图

单桅杆缆风绳的布置方法是：当场地允许时，缆风绳多采用相同的水平仰角，各地锚至桅杆基座的距离相等。若桅杆承受的载荷对称于桅杆的轴线时，缆风绳在 360°范围内均匀布置（见图 5—29a），此时，桅杆倾倒方向往往不能预先知道，故缆风绳只能对称布置。若桅杆倾倒方向预先知道（如图 5—29b），此时，桅杆倾倒方向相反的一侧要多布置缆风绳。担负着桅杆受载荷后的主要平衡作用的缆风绳称为主缆风绳，其余缆风绳为辅助缆风绳。室内的桅杆由于场地或构筑物结构特点，往往不能使桅杆位于同一圆周上，其布置如图 5—29c 所示。

缆风绳的数量应依据桅杆的情况而定，根据经验单木桅杆常采用 4～8 根，单金属桅杆常采用 5～8 根，特殊情况可配备 10 根以上。缆风绳的数量不宜过多，应根据当时条件选取最合理的布置方案。缆风绳与地面之间的夹角用 β 表示，一般可取下列数值：

（1）场地开阔取 25°～30°。

（2）场地狭小取 35°～40°。

（3）特殊情况取 60°。

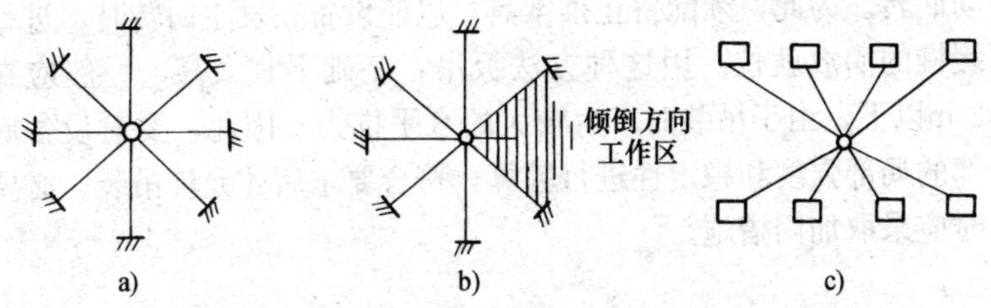

图 5—29　单桅杆缆风绳的布置

a）均匀布置　b）杆倒方向已知　c）锚点不在同一圆周上

一般情况下 β 取小一些对受力有利，通常不宜超过 45°。

二、直立单桅杆扳吊

直立单桅杆扳吊有两种形式，一种是塔类设备转动而桅杆不动，简称单转法；另一种是随着塔类设备的转动，桅杆也相应转落的转落法。直立单桅杆扳吊法如图 5—30 所示，其操作要点基本上与旋转法竖立桅杆相同。

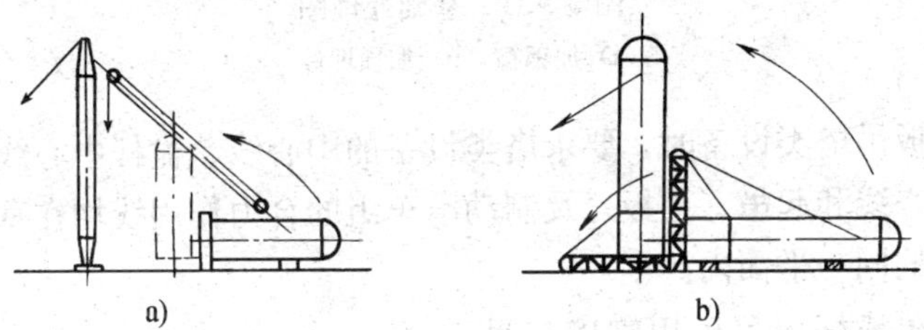

图 5—30　扳吊法示意图

a）塔类设备转动，而桅杆不转动　b）塔类设备转动，桅杆相应转动

桅杆最大受力发生在设备抬头时，是一种较为安全的吊装方法，且使用的机索具小而少，但吊装中会产生较大的水平推力，需增加止推索具，另外，基础与设备之间要加设回转铰链，因此，基础需要加以特殊处理，如图 5—31 所示。若不用铰链，可用止推索具进行控制调整。当设备扳吊到一定角度时（一般为 60°～70°），设备的重心越过铰链轴线或旋转支点时，设备会自

动回转。为此，须配备止推索具，以使设备在发生回转时，进行缓慢的溜放就位。用这种方法扳吊，基础不宜太高，一般应在 2 m以下。由于吊装时产生较大的水平推力，因此，要对设备底部的局部强度和稳定性进行验算，符合要求后才允许吊装，必要时应采取加固措施。

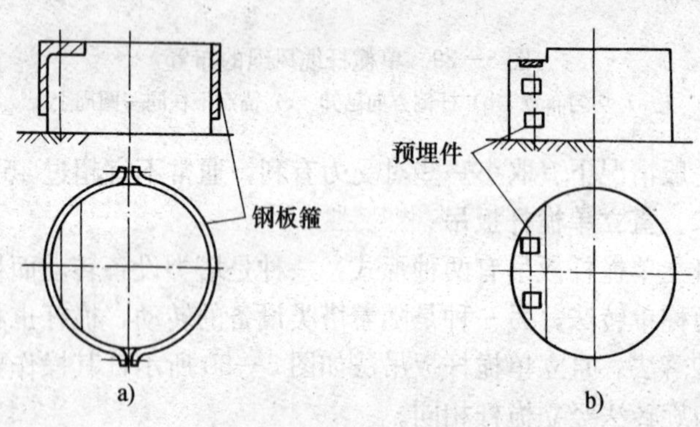

图 5—31 基础处理图

a）加钢箍 b）加预埋件

扳吊塔类设备时，要求塔类设备的中心线、桅杆中心线、基础中心线和起吊（主板）及制动滑车组的合力作用线均在垂直于地面的同一平面内。

单桅杆扳吊可用高桅杆吊矮塔，即可用较小的力扳吊较重的塔，也可用低桅杆扳吊高塔。

三、单桅杆滑移法吊装设备

单桅杆滑移法吊装如图 5—32 所示，起重桅杆倾斜一个不大的夹角，其倾斜角（θ）一般在 15°以内，最大不超过

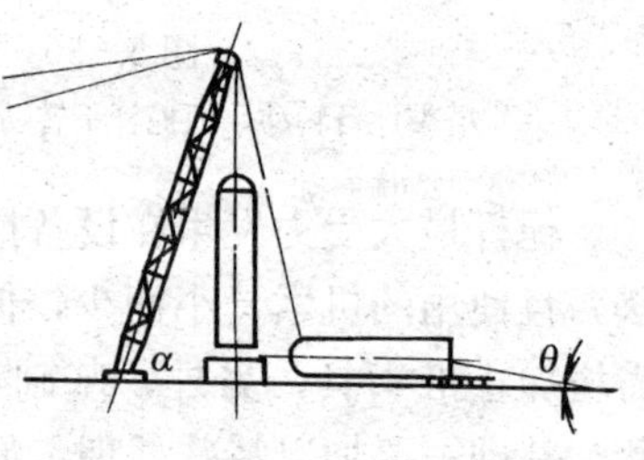

图 5—32 单桅杆滑移法吊装塔类设备示意图

18°，使桅杆顶部的起重滑车组对准需起吊设备的中心。

吊装前使设备尽量靠近基础，并在设备底部装上拖排，搭设好走道。在设备前后各设置一台卷扬机，穿上滑车组，作塔类设备吊装时的牵引和溜放用。

单桅杆滑移法适用于吊装一些长度、直径和重量都不大的塔类设备。滑移法吊装塔体时，被吊塔体底部做水平运动，头部同时做水平和竖直运动。起重滑车组与铅垂方向的夹角不大。单桅杆滑移吊装法的特点是：

（1）桅杆应倾斜成一定角度，使设备顶部的吊耳对准设备基础中心。

（2）桅杆比设备高，桅杆的规格应较大一些。

（3）设备是直接进位，就位容易。

第四模块　双桅杆吊装工艺

双桅杆吊装是一种常见的吊装工艺，有等高桅杆和不等高桅杆之分。双桅杆吊装多用滑移法。等高双桅杆应用较多，不等高双桅杆多用于对小塔群的吊装。

双桅杆吊装，其桅杆站位间距应能使设备顺利通过为原则，不宜过大。等高双桅杆站距相等，以利于设备吊装就位对正；不等高双桅杆站距不相等，低者距设备较近而高者较远。

一、双桅杆散装设备正装法

正装法（又称顺装法）安装设备，如图 5—33 所示。一般设备由多节组成，每节重量较小，安装时先把与基础相连的一节吊装就位，找正找平后，开始一节一节用递夺吊装方法往上安装组对，最后吊装最上面的一节。所以，正装法要求桅杆高度超过塔体高度。正装法从始至终的吊装吨位均较小。

二、双桅杆散装倒装法

用倒装法安装设备如图 5—34 所示。设备一般由多节组成，安装时，首先把最上面的一节吊起，然后，将下面一节置于基础上，落下最上一节进行组对。组对好后，继续吊起，再将下面一节置于基础上，再落下进行组对，反复多次就能将多节设备组装完毕。

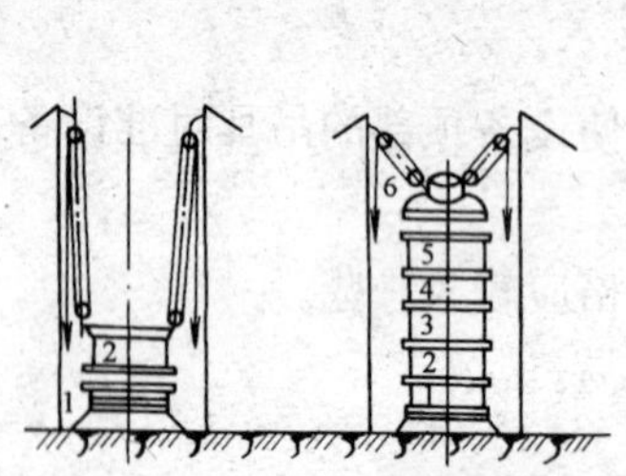

图 5—33　双桅杆顺装法示意图

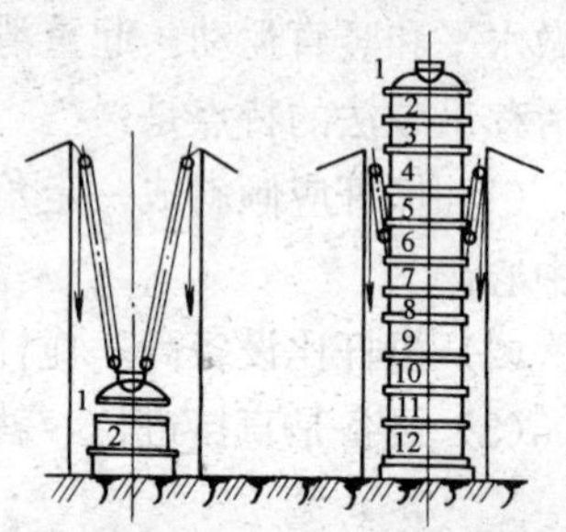

图 5—34　双桅杆倒装法示意图

这种吊装方法，其桅杆随着组对节数的增加吊装重量也随之增加，最后达到设备的总重量。倒装法大大减少了高空作业强度，操作比较安全，安装质量有保证，并且桅杆的高度可以低于塔体的总高度。倒装法需要承重量大的桅杆。

三、双桅杆整体递夺吊装法

在吊装中、小型设备群时，在设备基础两侧竖立 2 根桅杆，如图 5—35 所示。起吊的顺序是先将设备吊升到一定高度（比基础标高要高），然后，利用 2 个桅杆上的滑车组一放一收的协调动作，便可把设备在空中传递到所要求的基础上去，进行找正安装。

四、双桅杆整体滑移吊装法

双桅杆整体滑移吊装法（见图 5—36），适用于吊装重量、高度和直径都较大的设备，它是安装工地上最常用、最典型的一种整体吊装法。在起吊时，每根桅杆可用 1 台（单式滑车组）或

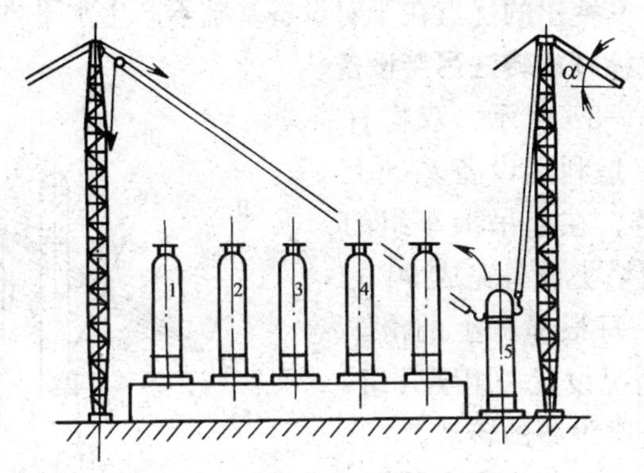

图 5—35　用双桅杆整体递夺吊装塔类设备示意图

2 台（双联滑车组）卷扬机来牵引。要求卷扬机在操作时互相协调，另外，在塔底裙座处一般要加滚排，并且要前牵后溜，防止塔体向前移动时速度不均匀，避免吊装中产生的颤动或向前移动速度过快而造成设备与基础相撞。

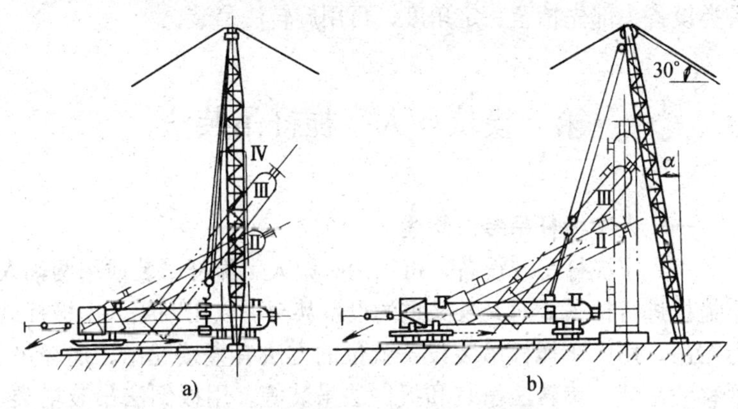

图 5—36　双桅杆整体滑移吊装塔类设备示意图

a）原始状态　b）直立状态

滑移法吊装是重型立式设备整体吊装的主要方法之一，与扳吊法相比，其突出的优点在于对设备基础不产生水平推力。

五、双桅杆旋转法吊装设备

如图 5—37 所示，双桅杆旋转法吊装是利用设备基础上设置的铰链，在起吊滑车组的作用下，将塔类设备完成 90°的翻起就位，每根桅杆上的滑车组可根据情况设置一组至几组，以便控制塔类设备的转动。

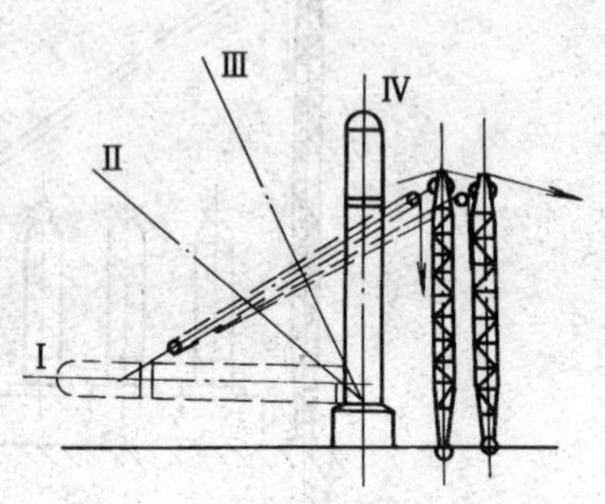

图 5—37　双桅杆旋转法吊装塔类设备示意图

用双桅杆旋转法吊装设备，桅杆的高度可以低于设备的高度，当塔类设备旋转到其吊点与桅杆高度水平时，塔类设备的轴线与地面成 60°以上的夹角为宜。采用此法吊装时，对设备基础有较大的水平推力，应进行严格验算。为减小对设备基础的水平推力，可以用其他吊装机械将塔类设备头部先抬至一定角度，再用旋转法吊装。

第五模块　人字桅杆吊装法

一、人字桅杆吊装法简述

用人字桅杆吊装设备，可以用一幅人字桅杆吊装或用两幅人字桅杆进行抬吊，对又长又重的设备甚至可以用四幅人字桅杆进行抬吊。用人字桅杆吊装设备就位的方法有直接起吊、递夺吊、滑移法吊装、旋转法吊装和扳倒法吊装等。用扳倒法吊装塔类、烟囱类等有铰链的设备，用人字桅杆最有利。因为扳倒法涉及到的因素多，操作方法比较复杂，而人字桅杆与独脚桅杆、双桅杆等相比，具有轻便、立拆方便、受力状况好、易控制、缆风绳少和简单易行等优点，故用扳倒法吊装设备人字桅杆是最佳选择。

选用人字桅杆吊装时应注意：人字桅杆一般搭成 25°～35°夹角。在交叉地方捆绑两根缆风绳，并在交叉处挂上滑车，在其中一根桅杆的根部设置一个导向滑车，使起重滑车组引出端经导向滑车引向卷扬机。桅杆下部两脚之间，用钢丝绳连接固定。如果桅杆需倾斜起吊重物时，应注意在倾斜方向前方的桅杆根部用钢丝绳固定两脚，以免桅杆受力后根部向后滑移。

二、人字桅杆吊装法举例

图 5—38 所示为一幅人字桅杆吊装某机座的变幅就位吊装。先将人字桅杆倾斜，将运拢基础附近的机座吊起，晃动一下机座以检查桅杆及各部受力情况，检查无异常后，采用改变桅杆主缆风绳长度的方法，将桅杆竖立垂直，以对准坑下基础的地脚螺栓孔，然后，逐步落下设备就位。

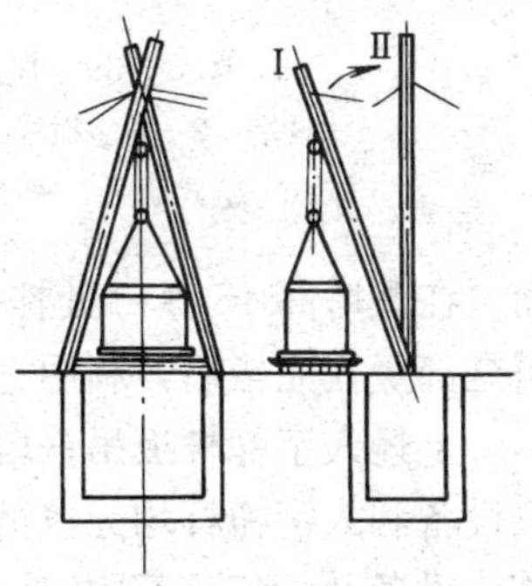

图 5—38　人字桅杆吊装示意图

图 5—39 所示为用人字桅杆扳立铁塔。该铁塔高约 35 m，重25 t，由 7 段组成，人字桅杆杆长10 m，倾斜 30°架设在距离铁塔底部2 m处。在人字桅杆的顶部设置一个托环，用以托住通向铰磨的钢丝绳（跑绳）。在铁塔标高 21 m 和 28.4 m 两处，各挂一幅倒链，分别与吊索连接，两者之间用一个平衡滑车串联起来，在扳起铁塔时，使两处同时受力。在正式扳起之前，先收紧两台倒链，使塔头抬高 1 m 左右，此时，检查各部受力状况，然后，可推动铰磨，正式扳起铁塔。为防止铁塔在扳起时塔身向后滑移，在铁塔底部用人字形系结两组钢丝绳拴于地锚上。

扳起铁塔的前一阶段，通向铰磨的牵引钢丝绳压在人字桅杆顶部的托环内，而扳起的后一阶段，跑绳会从托环内跳出，直接牵引塔体的翻转，此时，人字桅杆随铁塔的竖立而被放倒。因

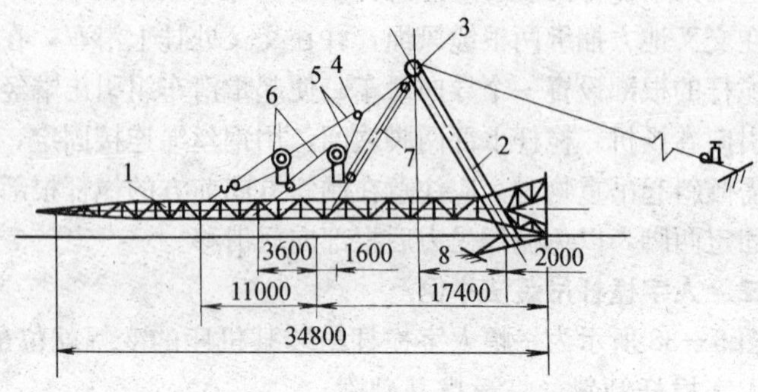

图 5—39　用人字桅杆扳立铁塔示意图

1—铁塔　2—人字桅杆　3—托环　4—平衡滑车　5—千斤索
6—链式葫芦　7—用于放倒桅杆的滑车组　8—地锚

而，在铁塔高 15.8 m 处挂一幅滑车，用以牵住人字桅杆，待铁塔全部竖立完毕后，利用它放倒人字桅杆。

上述人字桅杆扳吊铁塔属于无铰链双转扳吊法，采用这种方法设备和人字桅杆均无铰链，省去了铰链装置，但须采取适当措施将设备及桅杆底部固定好，使其设备和桅杆支座在回转时保持稳定。

无铰链双转法扳吊机具布置时，人字桅杆中心线、塔设备及基础中心线、起扳机索具的合力作用线、制动机索具的合力作用线和主副地锚中心线均应处于垂直于地面的同一平面内；主扳机索具（滑车组、千斤绳、主地锚和卷扬机等）则设置在人字桅杆的另一侧，当塔设备较高时，人字桅杆也可越过塔设备底部呈“骑马”状，但桅杆顶部的水平投影不得越过该塔设备的重心。为了利于扳吊，人字桅杆宜向设备慎斜 10°～20°。

无铰链双转法扳吊使用的人字桅杆高度一般为塔设备高的 1/3～1/2，设备较矮小时，桅杆高度可以等于或超过设备高度。

练 习 题

1. 起重桅杆是如何分类的?

2. 桅杆单面受力，ϕ325 mm×8 mm，高度为12 m的管式桅杆起吊重量约为多少?

3. 独脚桅杆是用缆风绳来固定的，对缆风绳的布置一般有哪些要求?

4. 独脚木桅杆在使用过程中应注意哪些问题?

5. 怎样准确绑扎独脚桅杆?

6. 安全使用人字桅杆要注意哪些问题?

7. 地锚有哪几种?

8. 对高度和重量都很大的桅杆，其桅杆的组合方法有哪几种?

9. 直立单桅杆板吊操作要点是什么? 须注重哪些问题?

10. 简述双桅杆散装设备正装法的安装方法。

11. 简述双桅杆整体滑移吊装法的安装方法。

12. 简述人字桅杆吊装法。

第六单元　流动式起重机吊装作业

本单元知识点：

- 流动式起重机的吊装站位
- 流动式起重机吊装方法

流动式起重机是臂架类起重机械中无轨运行的起重机械。它具有自身动力驱动的运行装置，转移作业场地时不需要拆卸和安装，具有操作方便、机动灵活、转移迅速等优点，广泛应用于建筑施工、工矿企业、市政建设、港口车站、石油化工、水利建设等装卸和安装工程。

第一模块　流动式起重机的选择

一、起重机的选择

选择起重机主要根据被吊设备的几何尺寸、安装部位（包括基础的形式和高度）来确定起升高度（H）和幅度（R），从而确定吊臂的长度（L）和仰角（α），再根据设备的重量（Q）选择起重机的起重能力。

起重机有两种选择方法，根据设备的几何尺寸和基础形式及标高，具体选择起重机吊臂长度和仰角。

（1）对于较细长的设备，在吊装时设备不易碰起重吊臂，而主要是应保证有一定的起吊高度，以把设备吊起到预定位置，故应根据设备的轴向尺寸（包括基础高度）进行选择。

（2）对于较粗大的设备，设备起吊过程中碰起重吊臂等是主要矛盾，此时，应根据水平间隙选择，即要考虑设备吊装时不能碰撞起吊臂。

根据轴向尺寸选择是把设备吊起腾空作为主要问题，根据水平间隙选择则是把避免起吊过程中碰杆作为主要问题，对于介于两者之间的设备，两种情况均需考虑，此时，可用一种方法选择，而用另一种方法验算，使之同时满足要求。

起重机的起吊高度在起重作业中十分重要，它是根据起吊设备与构件的高度决定的，包括设备高度、索具高度、设备吊装到位后悬吊的工作间隙、基础高度，以上诸项之和即为起吊高度。

综上所述，流动式起重机选用的依据是：

（1）起重机臂长的最大起重量应大于设备重量。

（2）起重机的吊钩升起的最大高度能满足设备进位的需要。

（3）起重机吊装位置满足现场条件。

（4）在设备起升到所需要就位的最高位置时不能碰撞起重吊臂。

二、起重机吊装站位的确定及安全要求

1. 起重工指挥吊机站位的选择原则

起重机吊装站位应尽量靠近被吊设备，吊装中负载最大时幅度应尽量小，动臂应位于有利于起重机稳定的地形和方位。

2. 起重机吊装站位的确定方法

起重机站位应根据设备安装平面布置图和起重机吊臂的幅度 R 适当选择，如果考虑到起重机的进出路线和设备的吊装方向，就应考虑起重机旋转时有无障碍；如果用一台起重机吊装多台设备时，还要尽量兼顾用一个站位吊装几台设备，从而提高工作效率。图 6—1 所示为某工程施工中用起重机吊装构件的平面布置示意图。

3. 起重机吊装站位的安全要求

（1）起重机工作场地必须平整坚实，必要时可铺设道木或钢

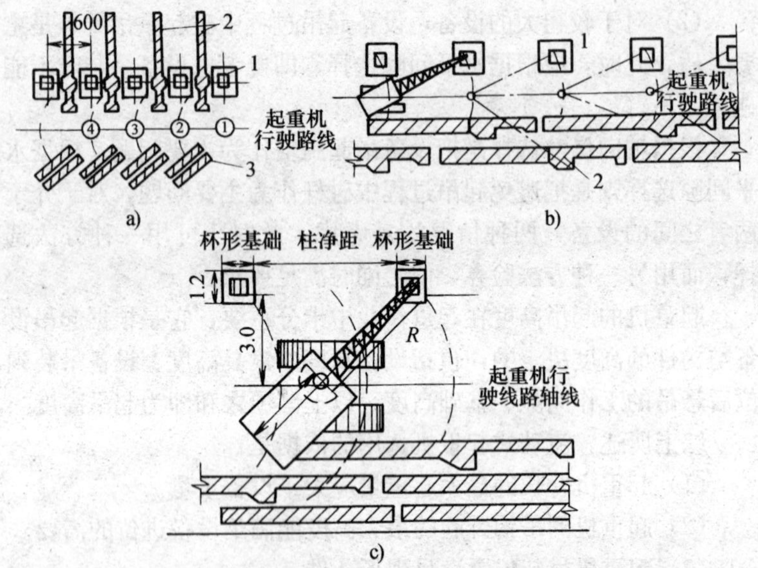

图 6—1 起重机吊装构件平面布置示意图

a）起重机行驶路线与构件成横向排列 b）起重机行驶路线与构件成纵向排列之一

c）起重机行驶路线与构件成纵向排列之二

1—柱基础 2—柱子 3—梁

轨，以免起重机吊装时沉陷而翻车。起重机支承面与水平面的倾斜度不得大于 1∶1 000。

（2）汽车式或轮胎式起重机支腿垫木应占足够面积，使其单位面积上的压力小于当地地面的许用压力。

（3）起重机不得在输电线路下面工作，在架空线一侧工作时，不论在任何情况下，起重吊臂、钢丝绳和被吊物等与架空输电线的最近距离均应不得小于起重机械安全规程中规定的 2 m。

（4）起重机在坑、沟边工作时，应保持必要的安全距离，其净距（指履带边缘或支脚垫板边缘至坑沟边距离）应根据坑、沟深度和土质情况来确定。施工中一般为坑、沟深的 1.1～1.2 倍，以防塌方造成事故。

三、起重工艺的选择

施工现场将设备吊装到预定位置有单机吊装、双机抬吊、三机或多机抬吊，有旋转法吊装、滑移法吊装等多种方法，根据场地及单位机械情况也可用第五单元所述的各种桅杆进行起吊，具体选择吊装方法时一般从以下几方面进行考虑：

1. 设备外形尺寸。主要根据所吊设备的外形尺寸及施工场地的具体情况，选择恰当的吊装方法。

2. 设备的起重能力。即根据设备的重量和外形尺寸确定起重机的型号和规格。对于汽车式、轮胎式和履带式起重机，要注意被吊物的重量接近额定负荷工况时，与实际重量的出入不得大于3%。

3. 费用和进度要求。从经济角度考虑若选用过大吨位起重机或多台起重机抬吊，将增加吊装费用，另外，从进度考虑小吨位起重机可能使工期延长，所以，应选用恰当的吊装工艺和吊装设备，以加快施工进度、保证工期。总之，两方面都要兼顾。

4. 本单位现有机械。即从经济上和使用方便上考虑，应尽量使用本单位现有的起重机，不用或少用租赁起重机。

5. 安全性。安全是第一位的，所选施工方法，必须确保安全。

四、起重机安全使用注意事项

1. 起重机使用时应严格遵循随机说明书进行操作，遵守安全技术操作规程。

2. 起重机械作业应由有经验的起重技工指挥，使用统一的指挥信号，指挥中应注意：

（1）严禁超载。

（2）严禁斜吊。

（3）支腿按要求放置。

（4）预防吊装中出现卡阻。

（5）要熟悉所使用起重机的性能。

3. 被吊物的重量在接近额定负荷工况时，与实际重量的出入不得大于 3%；大型设备若采用两台或两台以上同型号起重机抬吊时，应按额定起重能力 80%计算和分配载荷，并且起重机的型号应相同，升降应同步。

4. 汽车式起重机在吊装时一般不准行走，轮胎式起重机可以在短杆情况下负重行走，但吊重负荷必须在 75%以内，且臂杆对准正纵向轴线。

5. 起重机在吊重时除非特殊情况，一般不允许伸缩起吊臂。

6. 起重机作业时严禁斜吊。斜吊不但加大了起升钢丝绳的张力，而且改变了力的作用方向，可能导致起重机发生倾翻，而这些在起重力矩限制器中（因斜吊提升钢丝绳的作用方向改变）是检测不出来的，因而起重机得不到保护。

第二模块　流动式起重机的吊装

一、用单机吊装

单机吊装设备的方法较多，常用的有滑移法与旋转法。

1. 单机滑移法

如图 6—2 所示，在用单机起吊设备的过程中，起重机只提升吊钩，从而使设备滑行吊起。

用单机滑移法时，为了减小设备与地面的摩擦，需在设备底座下设置拖排、滚杠，并铺设滑道。在设备预装配和运输时，将吊点布置在基础中心附近，并使绑扎点和基础中心同在起重机的回转半径上，便于设备吊离地面后，稍稍转动起重臂，即可就位。

2. 单机旋转法

如图 6—3 所示，用起重机边起吊边回转，使设备绕底座旋转而将设备在基础上竖直。

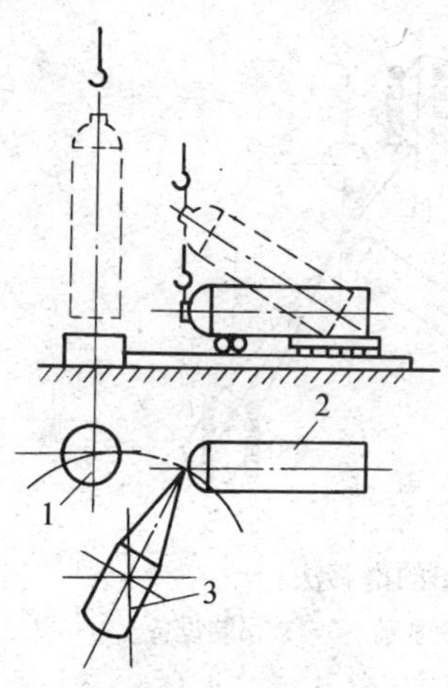

图 6—2　用单机滑移法吊装设备

1—安装基础　2—被吊设备

3—起重机

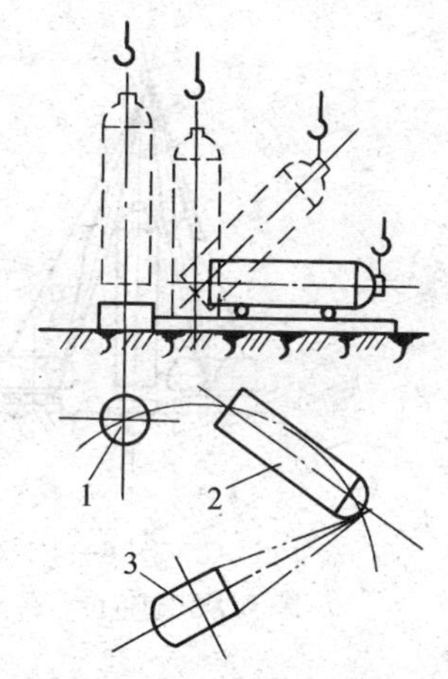

图 6—3　用单机旋转法吊装设备

1—安装基础　2—被吊设备

3—起重机

用单机旋转法时，为了便于提高吊装效率，应使设备基础中心、设备底座中心和设备绑扎点均在起重机的回转半径上。

二、用双机吊装

1. 滑移法

双机抬吊滑移法平面布置如图 6—4 所示，其起吊点应尽量靠近基础。吊装顺序为：

(1) 两台起重机在基础两旁，并使两机回转中心连线过基础中心。

(2) 两台起重机的吊点应在设备同一截面上的两对称点上，设备尾部应加设尾排、滚杠和走道木。

(3) 两机保持垂直提升，设备底部逐渐向前滑移（最好前牵后溜），直至设备垂直吊离地面为止。

(4) 在统一指挥下，两机以相同的运行速度向设备基础方向移动或升降吊臂，直到被吊设备达到基础的正上方。然后，两台

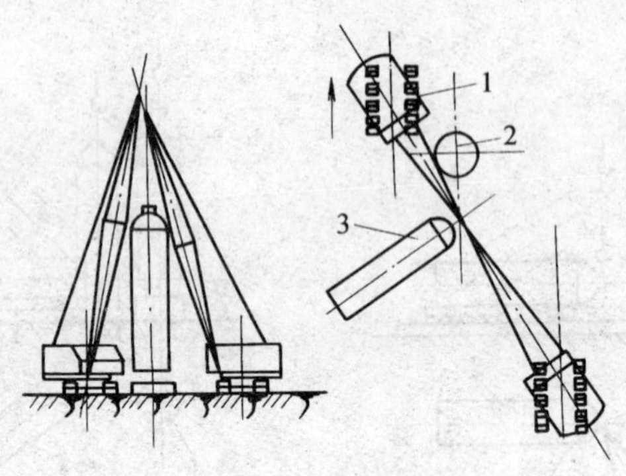

图 6—4　双机抬吊的滑移法

1—履带式起重机　2—设备安装基础　3—被吊装设备

起重机同时缓慢落钩，使设备在基础上就位，用仪器找正、找平后将其固定。

（5）拆卸吊具，吊装完成。

从吊装顺序可以看出，双机抬吊滑移法吊装方法和等高双桅杆滑移法吊装设备相似，因此，最好选择两台相同的起重机。

2. *递送法*

双机抬吊递送法如图 6—5 所示，它是由单机滑移法演变而来的。用单机滑移法吊装设备时，需在设备尾部设置尾排、滚杠和走道木，比较费时，机具准备麻烦，劳动强度大，效率低。双机递送法中的两台起重机，一台作为主机起吊设备；另一台作为副机起吊设备尾部，即起到尾排、滚杠与走道木的作用，配合主机起钩。随着主机的起吊，副机要回转，将设备递送到基础上面，主机再边起钩边回转，使设备转至直立状态就位。

3. *旋转法*

双机抬吊旋转法如图 6—6 所示，其吊装步骤为：

（1）主机、副机同时起吊，使构件离开地面。当离开地面的高度大于副机吊点高度时（见图 6—6a），副机停止提升，主机继续提升（见图 6—6b），使构件转至直立状态为止。

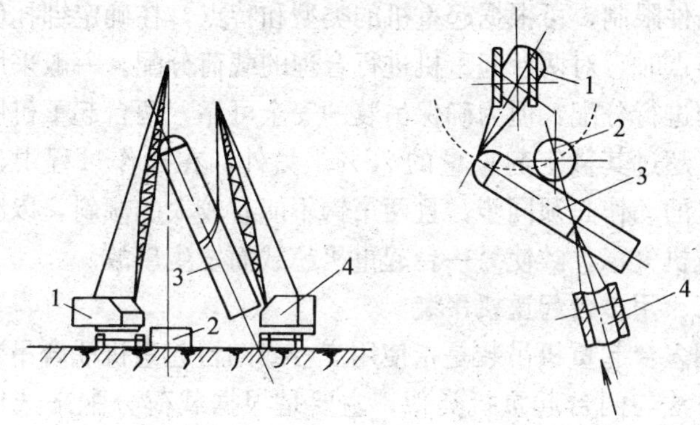

图 6—5　双机抬吊递送法

1—主机　2—安装基础　3—被吊装设备　4—副机

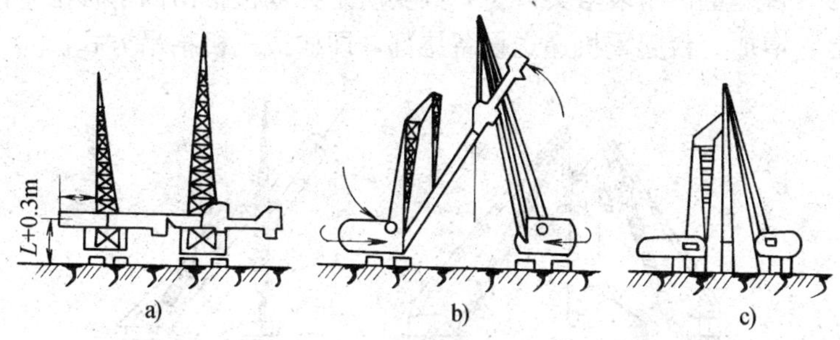

图 6—6　双机抬吊旋转法

a）主机、副机同时提升　b）副机停止提升　c）设备直立就位

（2）主机、副机同时向柱子基础方向回转，并使柱子对准基础为止。

（3）主机、副机同时缓慢落钩，使构件准确落于基础内而就位。

以上介绍的是用双机吊装中应注意吊装动作的同步和载荷分配问题，在吊装作业中，如果两台起重机起吊速度快慢不一致，臂杆回转不协调，均会造成起重机载荷分配不均匀，从而发生事故。所以，在采用双机抬吊时，应选择两台同类型起重机。如果现场条件限制，可根据起重机的类型和特点，在确定绑扎位置和选择吊点时，对两台起重机进行合理的载荷分配。一般采用平衡梁原理进行分配，但为确保吊装的安全可靠，两台起重机所受载荷不宜超过其额定起重量的 75%。另外，在操作过程中，两台起重机的动作必须同步，且两吊钩不能有较大的倾斜，以防因一台起重机失稳，致使另一台起重机超载而发生事故。

三、用多台起重机吊装

用多台起重机吊装是指使用三台或四台起重机联合吊装，其操作方法与两台起重机类似，主要是根据载荷分配来选用起重机。但采用多台起重机联合吊装时，同步要求更高，一般均应采用平衡装置，如用平衡滑车、平衡梁来分配载荷。图 6—7 所示为三台起重机吊装塔类设备，其实质是在双机抬吊的滑移法基础上，增加一台起重机递送设备尾部，即构成三机抬吊方式。

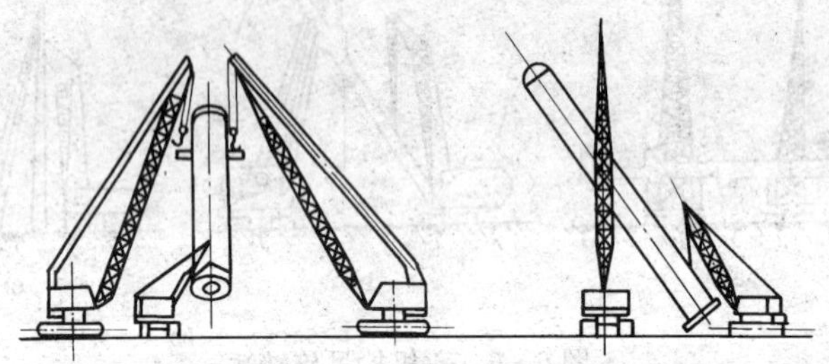

图 6—7　用三台起重机吊装塔类设备

练　习　题

1. 选用流动式起重机的依据是什么?
2. 简述起重机吊装站位的安全要求。
3. 吊装行走中的物体对起重机的要求是什么?
4. 简述履带式起重机采用旋转法时的吊装步骤。
5. 多台起重机同时吊装一物体时应注意哪些问题?

第七单元　起重作业和指挥的安全技术与规程

本单元知识点：

- 起重作业中的安全技术
- 起重作业中的操作规程

设备的起重运输及吊装作业中，保证安全可靠是最重要的，既要无人身事故，也要无设备事故，这样才能达到多快好省地完成施工任务的目的。因此，在施工过程中必须严格按照操作规程进行施工。

安装施工过程中的事故原因主要来自两个方面：一是施工不安全因素和劳动保护方面的问题；二是作业者本人的不安全行为。后者还受到疲劳、紧张、心态和环境等因素的影响。

针对施工不安全因素，应抓好施工环境的安全条件建设，进一步完善防护用品和防护措施，尽可能排除不安全因素，确保起重机械、机具和索具等的使用安全。针对作业者本人的不安全行为，则应提高其执行安全技术规程、规则的自觉性，使作业者对安装规程有充分了解，养成正确的操作习惯。

起重吊装作业安全技术规程是为了防止和消除设备起重施工过程中的各类事故、保护劳动者的安全而制订的，它包括通用起重安全技术、设备起重作业安全技术、起重指挥人员安全操作规程和起重司索人员安全操作规程等内容。

第一模块　通用起重安全技术

1. 起重施工前参与施工人员须熟悉工程内容，使施工人员做到四个明确：工作任务明确；施工方法明确；起重重量明确；安全事项及技术措施明确。

2. 施工准备中应认真检查，维护好所需的全部起重机械、机具和工具，确保其性能良好，使用可靠；准备好符合要求的劳动保护用品，严禁使用有质量问题的安全防护用品。

3. 凡离地面 2 m 以上的操作均称为登高作业。登高作业前应检查所使用的安全带、梯子、跳板、脚手架或操作平台、安全帽、安全网等登高工具和安全用具。

4. 如果使用梯子登高，梯子中间不得缺挡（层），梯脚要有防滑措施，梯子与地面倾斜度夹角应在 60°～75°之间。使用人字梯时，下部必须挂牢，其张开角一般在 45°～60°范围内。

5. 在高空动火作业（如电焊、气割、烘烤等）时，必须事先移开操作面下方的易燃易爆品，并有足够的安全距离，现场须有监护人员。

6. 多层作业时，操作者的位置应相互错开，传递工具应放入工具包（袋）内用吊绳操作，严禁上下抛掷工具或器材。进行交叉作业时，必须设置安全网或其他隔离措施。

7. 凡在高空平台作业，必须装设围栏。栏杆高度不应低于 1.2 m。出现大雨及六级以上大风时，严禁登高作业；若因抢修，必须采取有效的高空作业安全措施。

8. 采用吊篮、吊框登高作业时，必须有专人指挥升降。指挥时，传递信号应准确，卷扬机操作者应为责任心强的熟练工人。所有起重机具及吊篮、吊框的性能应良好可靠。起吊时要平衡，不得中途发生碰挂，且应有保险装置。对载人的索具及承力部件必须按构件（设备）吊装时所取的安全系数值再加大1～2倍安全系数选用。

9. 吊装易燃易爆和其他危险品时，应有可靠的安全措施和隔离措施。

10. 当输电线路电压为1～3.5 kV时，输电线路与设备和起重机具间的最小距离为3 m。

11. 装卸货物使用的跳板应坚固，搭设跳板的坡度不得大于1∶3。跳板下端应顶牢，防止发生事故。

12. 施工现场气焊、气割作业要用到氧气和乙炔气体时必须注意：氧气瓶是高压容器，不能撞击或抛甩；乙炔是易燃易爆气体，在不通风场所使用时，若有漏气极易爆炸，起重作业中要注意到这些特性，保证使用安全。

第二模块　设备起重作业的安全技术

1. 设备吊装前必须详细检查被吊设备或构件的状况，如捆绑点是否牢固，重心是否找准，滑车组穿法是否正确等。各类设备及构件吊装前均须试吊，确认其可靠性。设备受力后还须检查地锚、桅杆、缆风绳、滑车组、卷扬机及各受力部件的受力变化情况。起重机索具的安全检查内容包括外部检查和使用正确性检查。外部检查指检查起重机具的规格、型号和布置；使用正确性检查指检查使用方法是否正确、验证检查和性能试验等。检查中如发现问题应及时通报和处理，不得马虎凑合。

2. 严禁在六级以上大风时吊装设备。大型设备的吊装，风速不得超过五级。设备吊装应在白天进行，如果必须夜间吊装作业时，必须有充足的照明，并经安全和技术部门同意和检查认可后才能作业。拆移起重机及吊装设备不得在大雾、大雨或大雪天进行。在设备吊装过程中，如因故中断时，必须及时采取可靠的安全措施，不得使设备悬空过夜。

3. 吊装设备时，在施工范围内应设明显的警戒标志，严禁非工作人员入内。

4. 起重作业中要做到“五不吊”：指挥手势或信号不清不吊；重量、重心不明不吊；超载荷不吊；视线不明不吊；捆绑不牢或挂钩方法不对不吊。

5. 禁止用大直径的绳索凑合捆扎较小的构件进行吊装。对薄壁圆柱形设备捆扎时必须有防止绳扣滑脱的措施，且应沿圆周方向垫入等厚的木板，以增加其间的摩擦力和分散绳索对薄壁的挤压力。同时，对捆绑处容器的局部稳定性进行核查，必要时，须在容器内采取补强措施。

6. 设备吊装中，无论什么岗位发生故障，均应立即报告指挥者，没有命令不准擅自离开自己的工作岗位。大型设备吊装应用旗语或手势配合口哨指挥，有时需要用无线电话进行联系及指挥。

7. 按起重吊装要求进行试吊。试吊高度一般为 200 mm 左右，试吊时间控制在 10 min 左右。自行式起重机试吊时应复查机身水平和支腿的受力变位情况，是否有沉陷，并衡量实际荷重。

第三模块 起重指挥人员安全操作规程

1. 吊运指挥人员必须是 18 周岁以上（含 18 周岁），视力（包括矫正视力）在 0.8 以上，无色盲症，听力能满足工作条件的要求，身体健康者。

2. 指挥人员必须经安全技术培训，劳动部门考核合格并发给安全操作证后，方可从事指挥。

3. 指挥人员必须严格执行 GB 5082—1985 标准，与起重机司机联络时做到准确无误。

4. 指挥人员应熟知《起重机械安全规程》(GB 6067—1985)和《起重机械吊具与索具安全规程》(LD 48—1993)。

5. 指挥人员对所指定的起重机械，必须熟悉技术性能后方可指挥。

6. 指挥人员不能干涉起重机司机对手柄或旋钮的选择。

7. 指挥人员负责计算载荷的重量和索具、吊具的正确选择。

8. 指挥人员负责对可能出现的事故采取必要的防范措施。

9. 指挥人员应佩戴鲜明的标志和特殊颜色的安全帽。

10. 指挥人员在发出吊钩或负载下降信号时，应有保护负载降落地点的人身、设备安全措施。

11. 在开始指挥起吊负载时，用微动信号指挥，待负载离开地面 100～200 mm 时，停止起升，进行试吊，确认安全可靠后，方可用正常起升信号指挥重物上升。

12. 指挥起重机在雨、雪天气作业时，应先经过试吊，检验制动器灵敏可靠后，方可进行正常的起吊作业。

13. 在高处指挥时，指挥人员应严格按照高处作业安全要求操作。

14. 指挥人员选择指挥位置时：

(1) 应保证与起重机司机之间视线清楚。

(2) 在所指定的区域内，应能清楚地看到负载。

(3) 应与被吊运物体保持安全距离。

(4) 当指挥人员不能同时看见起重机司机和负载时，应站到能看见起重机司机的一侧，并增设中间指挥人员传递信号。

第四模块　起重司索人员安全操作规程

1. 作业前，应穿戴好安全帽及其他防护用品。

2. 根据吊重物件的具体情况选择相应的吊具与索具。

3. 作业前应对吊具与索具进行检查后，方可投入使用。

4. 起升重物前，应检查连接点是否牢固可靠。

5. 吊具承载时不得超过额定起重量，吊索（含各分支）不得超过安全工作载荷（含高低温、腐蚀等特殊工况）。

6. 作业中不得损坏吊件、吊具与索具，必要时应在吊件与吊索的接触处加保护衬垫。

7. 起重机吊钩的吊点应与吊物重心在同一条铅垂线上，使吊重处于稳定平衡状态。

8. 禁止司索或其他人员站在吊物上一同起吊，严禁司索人员停留在吊重下。

9. 起吊重物时，司索人员应与重物保持一定的安全距离。

10. 经常清理作业现场，保持道路畅通。安全通道要畅通无阻。

11. 听从指挥人员的指挥，发现不安全情况时，及时通知指挥人员。

12. 经常保养吊具、索具，确保使用安全可靠，延长使用寿命。

13. 在高空作业时，应严格遵守其安全要求。

14. 捆绑后留出的绳头必须紧绕吊钩或吊物上，防止吊物移动时，挂住沿途人员或物件。

15. 吊运成批零散物件，必须使用专门吊篮、吊斗等器具。同时吊运两件以上重物时，要保持平稳，不得相互碰撞。

16. 吊重物就位前，要垫好衬木，不规则物体要加支承，保持平衡。不得将物件压在电气线路和管道上面，或堵塞通道。物件堆放要整齐平稳。

17. 卸往运输车辆上的吊物，要注意观察重心是否平稳，确认不会倾倒时，方可松绑、卸物。

18. 吊运化学危险物品时，要严格遵守国务院颁布的《化学危险品安全管理条例》中的有关规定。

19. 工作结束后，所使用的索具、吊具应放置在规定的地点，并经常维护保养。对达到报废标准的吊具、索具要及时更换。

最后，关于起重吊运时的指挥信号请查看 GB 5082—1985。在该国家标准中对手势、哨声作出了详细的规定。

练　习　题

1. 阐述通用起重的安全技术。
2. 起重机对风速的要求有哪些？
3. 起重作业中应做到哪“五不吊”？
4. 起重吊装中的试吊要求有哪些？
5. 吊运指挥人员的条件是什么？
6. 对起重指挥人员选择指挥位置时有哪些要求？
7. 阐述起重司索人员的安全操作规程。

附录 1

钢丝绳 6×19 主要数据

附表 1　　钢丝绳 6×19 主要数据（一）

直径/mm		钢丝总断面积/mm²	参考质量/（kg/100 m）	钢丝绳标称抗拉强度 1 400 MPa				
				钢丝绳破断拉力总和/kN	钢丝绳破断拉力/kN	安全系数		
						3.5	5	6
钢丝绳	钢丝					许用拉力/kN		
6.2	0.4	14.32	13.53	20	17	4.86	3.4	2.8
7.7	0.5	22.37	21.14	31.3	26.6	7.6	5.3	4.4
9.3	0.6	32.22	30.45	45.1	38.3	11.1	7.7	6.4
11.0	0.7	43.85	41.44	61.3	52.1	14.9	10.4	8.7
12.5	0.8	57.27	54.12	80.1	68.1	19.5	13.6	11.3
14.0	0.9	72.49	68.50	101	85.9	24.5	17.2	14.3
15.5	1.0	89.49	84.57	125	106.3	30.4	21.3	17.7
17.0	1.1	108.26	102.3	151.5	128.8	36.8	25.8	21.5
18.5	1.2	128.87	121.8	180	153	43.7	30.6	25.5
20.0	1.3	151.24	142.29	211.5	179.8	51.4	36	30
21.5	1.4	175.40	165.8	245.5	208.7	59.6	41.7	34.8
23.0	1.5	201.35	190.3	281.5	239.3	68.4	47.9	39.9
24.5	1.6	229.09	216.5	320.5	272.4	77.8	54.5	45.4
26.0	1.7	258.63	244.4	362	307.7	87.9	61.5	51.3
28	1.8	289.95	274.0	405.5	344.7	98.5	69	57.4
31.0	2.0	357.96	338.3	501	425.9	121.7	58.2	71
34.0	2.2	433.13	409.3	606	515.1	147.2	103	85.9
37.0	2.4	515.46	487.1	721.5	613.3	175.2	122.7	102.2
40.0	2.6	604.95	571.7	846.5	719.5	205.6	143.9	119.9
43.0	2.8	701.60	663.0	982	834.7	238.5	166.9	139.1
46.0	3.0	805.41	761.1	1 125	956.3	273.2	191.3	159.4

附表 2　　钢丝绳 6×19 主要数据（二）

直径/mm		钢丝总断面积/mm²	参考质量/（kg/100 m）	钢丝绳标称抗拉强度 1 550 MPa				
				钢丝绳破断拉力总和/kN	钢丝绳破断拉力/kN	安全系数		
						3.5	5	6
钢丝绳	钢丝					许用拉力/kN		
6.2	0.4	14.32	13.53	22.1	18.8	5.4	3.8	3.1
7.7	0.5	22.37	21.14	34.6	29.4	8.4	5.9	4.9
9.3	0.6	32.22	30.45	49.9	42.4	12.1	8.5	7.1
11.0	0.7	43.85	41.44	67.9	57.7	16.5	11.5	9.6
12.5	0.8	57.27	54.12	88.7	75.4	21.5	15.1	12.6
14.0	0.9	72.49	68.50	112	95.2	27.2	19.0	15.9
15.5	1.0	89.49	84.57	138.5	117.7	33.6	23.5	19.6
17.0	1.1	108.26	102.3	167.5	142.4	40.7	28.5	23.7
18.5	1.2	128.87	121.8	199.5	169.6	48.5	33.9	28.3
20.0	1.3	151.24	142.29	234	198.9	56.8	39.8	33.2
21.5	1.4	175.40	165.8	271.5	230.8	65.9	46.2	38.5
23.0	1.5	201.35	190.3	312	265.2	75.8	53.0	44.2
24.5	1.6	229.09	216.5	355	301.8	86.2	60.4	50.3
26.0	1.7	258.63	244.4	400.5	340.4	97.3	68.1	56.7
28	1.8	289.95	274.0	449	381.7	109	76.3	63.6
31.0	2.0	357.96	338.3	554.5	471.3	134.7	94.3	78.6
34.0	2.2	433.13	409.3	671	570.4	163.0	114.1	95.1
37.0	2.4	515.46	487.1	798.5	678.7	193.9	135.7	113.1
40.0	2.6	604.95	571.7	937.5	796.9	227.7	159.4	132.8
43.0	2.8	701.60	663.0	1 085	922.3	263.5	184.5	153.7
46.0	3.0	805.41	761.1	1 245	1 058.3	302.4	211.7	176.4

附表 3 钢丝绳 6×19 主要数据（三）

直径/mm		钢丝总断面积/mm^2	参考质量/（kg/100 m）	钢丝绳标称抗拉强度 1 700 MPa				
				钢丝绳破断拉力总和/kN	钢丝绳破断拉力/kN	安全系数		
						3.5	5	6
钢丝绳	钢丝					许用拉力/kN		
6.2	0.4	14.32	13.53	24.3	20.7	5.9	4.1	3.5
7.7	0.5	22.37	21.14	38.0	32.3	9.2	6.5	5.4
9.3	0.6	32.22	30.45	54.7	46.5	13.3	9.3	7.8
11.0	0.7	43.85	41.44	74.5	63.3	18.1	12.7	10.6
12.5	0.8	57.27	54.12	97.3	82.7	23.6	16.5	13.5
14.0	0.9	72.49	68.50	123.0	104.6	29.9	20.9	17.4
15.5	1.0	89.49	84.57	152.0	129.2	36.9	25.8	21.5
17.0	1.1	108.26	102.3	184.0	156.4	44.7	31.3	26.1
18.5	1.2	128.87	121.8	219.0	186.2	53.2	37.2	31.0
20.0	1.3	151.24	142.29	257.0	218.5	62.0	43.7	36.4
21.5	1.4	175.40	165.8	298.0	253.3	72.4	50.7	42.2
23.0	1.5	201.35	190.3	342.0	290.7	83.1	58.1	48.5
24.5	1.6	229.09	216.5	389.0	330.7	94.5	66.1	55.1
26.0	1.7	258.63	244.4	439.5	373.6	106.7	74.7	62.3
28	1.8	289.95	274.0	492.5	418.6	119.6	83.7	69.8
31.0	2.0	357.96	338.3	608.5	517.2	147.8	103.4	86.2
34.0	2.2	433.13	409.3	736.0	625.6	178.7	125.1	104.3
37.0	2.4	515.46	487.1	876.0	744.6	212.7	148.9	124.1
40.0	2.6	604.95	571.7	1 025.0	871.3	248.9	174.3	145.2
43.0	2.8	701.60	663.0	1 190.0	1 011.5	289.0	202.3	168.6
46.0	3.0	805.41	761.1	1 365.0	1 160.3	331.5	232.1	193.4

附表 4　　　　钢丝绳 6×19 主要数据（四）

直径/mm		钢丝总断面积/mm²	参考质量/（kg/100 m）	钢丝绳标称抗拉强度 1 850 MPa				
				钢丝绳破断拉力总和/kN	钢丝绳破断拉力/kN	安全系数		
						3.5	5	6
钢丝绳	钢丝					许用拉力/kN		
6.2	0.4	14.32	13.53	26.4	22.4	6.4	4.5	3.7
7.7	0.5	22.37	21.14	41.3	35.1	10.1	7.0	5.6
9.3	0.6	32.22	30.45	59.6	50.7	14.5	10.1	8.5
11.0	0.7	43.85	41.44	81.1	68.9	19.7	13.8	11.5
12.5	0.8	57.27	54.12	105.5	89.7	25.6	17.9	15
14.0	0.9	72.49	68.50	314	113.9	32.5	22.8	19
15.5	1.0	89.49	84.57	165.5	140.7	40.2	28.1	23.5
17.0	1.1	108.26	102.3	320	170	48.6	34	28.3
18.5	1.2	128.87	121.8	238	202.3	57.8	40.5	33.7
20.0	1.3	151.24	142.29	279.5	237.6	67.9	47.5	39.6
21.5	1.4	175.40	165.8	324	275.4	78.7	55.1	45.9
23.0	1.5	201.35	190.3	372	316.2	90.3	36.2	52.7
24.5	1.6	229.09	216.5	423.5	360	102.9	72	60
26.0	1.7	258.63	244.4	47.8	406.3	116.1	81.3	67.7
28	1.8	289.95	274.0	536	455.6	130.2	91.1	75.9
31.0	2.0	357.96	338.3	662	562.7	160.8	112.5	93.8
34.0	2.2	433.13	409.3	801	680.9	194.5	136.2	113.5
37.0	2.4	515.46	487.1	953.5	801.5	231.6	162.1	135.1
40.0	2.6	604.95	571.7	1 115	947.8	270.8	189.6	158
43.0	2.8	701.60	663.0	1 295	1 100.8	314.5	220.2	183.5
46.0	3.0	805.41	761.1	1 490	1 266.5	361.9	253.3	211.1

附录 2

钢丝绳 6×37 主要数据

附表 5　　钢丝绳 6×37 主要数据（一）

直径/mm		钢丝总断面积/mm²	参考质量/（kg/100 m）	钢丝绳标称抗拉强度 1 400 MPa				
				钢丝绳破断拉力总和/kN	钢丝绳破断拉力/kN	安全系数		
						3.5	5	6
钢丝绳	钢丝					许用拉力/kN		
8.7	0.4	27.88	26.21	39.0	32.0	9.1	6.4	5.3
11.0	0.5	43.57	40.96	60.9	49.9	14.3	10	8.3
13.0	0.6	62.74	58.98	87.8	72.0	20.4	14.4	12
15.0	0.7	85.39	80.27	119.5	98.0	28	28	163
17.5	0.8	111.53	104.8	156.0	127.0	36.5	25.6	21.3
19.5	0.9	141.16	132.7	197.5	162.0	46.3	32.4	27
21.5	1.0	174.27	163.8	243.5	199.7	57	39.9	33.3
24.0	1.1	210.87	198.2	295.0	241.9	69.7	48.4	40.3
26.0	1.2	250.95	235.9	351.0	287.8	82.2	57.6	48
28.0	1.3	294.52	276.8	412.0	337.8	96.5	67.6	56.3
30.0	1.4	341.57	321.1	478.0	392.0	112	78.4	65.3
32.5	1.5	392.11	368.6	548.5	449.8	128.5	90	75
34.5	1.6	446.31	419.4	624.5	512.1	146.5	102.4	85.4
36.5	1.7	503.64	473.4	705.0	578.1	165.2	165.2	96.4
39.0	1.8	564.63	530.8	790.9	647.8	185.1	129.6	108
43.0	2.0	697.08	655.3	975.5	799.9	228.5	160	133.3
47.5	2.2	843.47	792.9	1 180.0	967.6	276.5	193.5	161.3
52.0	2.4	1 003.80	943.6	1 405.0	1 152.2	329.5	230.4	192
56.0	2.6	1 178.07	1 107.4	1 645.0	1 348.9	385.4	269.8	224.8
60.5	2.8	1 366.28	1 284.3	1 910.0	1 566.2	447.5	313.2	261
65.0	3.0	1 568.43	1 474.3	2 195.0	1 780.0	508.6	356	296.7

附表 6　　　　钢丝绳 6×37 主要数据（二）

直径/mm		钢丝总断面积/mm²	参考质量/（kg/100 m）	钢丝绳标称抗拉强度 1 550 MPa				
				钢丝绳破断拉力总和/kN	钢丝绳破断拉力/kN	安全系数		
						3.5	5	6
钢丝绳	钢丝					许用拉力/kN		
8.7	0.4	27.88	26.21	43.2	35.4	101.1	7.1	5.9
11.0	0.5	43.57	40.96	67.5	55.4	15.8	11.1	9.2
13.0	0.6	62.74	58.98	97.2	79.7	22.8	15.9	13.3
15.0	0.7	85.39	80.27	132.0	108.2	30.9	21.6	18
17.5	0.8	111.53	104.8	172.5	141.5	40.4	28.3	23.6
19.5	0.9	141.16	132.7	218.5	179.2	51.2	35.8	30
21.5	1.0	174.27	163.8	270.0	221.4	63.3	44.3	36.9
24.0	1.1	210.87	198.2	326.5	267.7	76.5	53.5	44.6
26.0	1.2	250.95	235.9	388.5	318.6	91	63.7	53.1
28.0	1.3	294.52	276.8	456.5	374.3	107	74.9	62.4
30.0	1.4	341.57	321.1	529.0	433.8	123.9	86.8	72.3
32.5	1.5	392.11	368.6	607.5	498.2	142.3	99.6	83
34.5	1.6	446.31	419.4	691.5	567.0	162	113.4	94.5
36.5	1.7	503.64	473.4	780.5	640.0	182.9	128	106.7
39.0	1.8	564.63	530.8	875.0	717.5	205	143.5	119.6
43.0	2.0	697.08	655.3	1 080.0	885.6	253	177.1	147.6
47.5	2.2	843.47	792.9	1 305.0	1 070.1	305.7	214	178.4
52.0	2.4	1 003.80	943.6	1 555.0	1 275.1	364.3	255	212.5
56.0	2.6	1 178.07	1 107.4	1 825.0	1 496.5	427.6	299.3	249.4
60.5	2.8	1 366.28	1 284.3	2 115.0	1 734.3	495.5	346.9	289.1
65.0	3.0	1 568.43	1 474.3	2 430.0	1 992.6	569.3	398.5	332.1

附表 7　　　　　钢丝绳 6×37 主要数据（三）

直径/mm		钢丝总断面积/mm²	参考质量/（kg/100 m）	钢丝绳标称抗拉强度 1 700 MPa				
				钢丝绳破断拉力总和/kN	钢丝绳破断拉力/kN	安全系数		
钢丝绳	钢丝					3.5	5	6
						许用拉力/kN		
8.7	0.4	27.88	26.21	47.3	38.8	11.1	7.8	6.5
11.0	0.5	43.57	40.96	74.0	50.7	17.3	12.1	10.6
13.0	0.6	62.74	58.98	106.5	87.3	25	17.5	14.6
15.0	0.7	85.39	80.27	145.0	118.9	34.0	23.8	19.8
17.5	0.8	111.53	104.8	189.5	155.4	44.4	31.1	25.9
19.5	0.9	141.16	132.7	239.5	196.4	546.1	39.3	32.7
21.5	1.0	174.27	163.8	296.0	242.7	69.3	48.5	40.5
24.0	1.1	210.87	198.2	358.0	293.6	83.9	58.7	48.9
26.0	1.2	250.95	235.9	426.5	349.7	99.1	70	558.3
28.0	1.3	294.52	276.8	500.5	410.4	117.3	82.1	68.4
30.0	1.4	341.57	321.1	580.5	476.0	136.0	95.2	79.3
32.5	1.5	392.11	368.6	666.5	546.5	156.2	109.3	91.1
34.5	1.6	446.31	419.4	758.0	621.6	177.6	124.3	103.6
36.5	1.7	503.64	473.4	856.0	701.9	200.5	160.6	117
39.0	1.8	564.63	530.8	959.5	786.8	224.8	157.4	131.1
43.0	2.0	697.08	655.3	1 185.0	971.7	277.6	194.3	162
47.5	2.2	843.47	792.9	1 430.0	1172.6	335.0	234.5	195.4
52.0	2.4	1 003.80	943.6	1 705.0	1 398.1	399.5	279.6	233
56.0	2.6	1 178.07	1 107.4	2 000.0	16 400.0	468.6	328	273.3
60.5	2.8	1 366.28	1 284.3	2 320.0	1 902.4	543.5	380.5	317.1
65.0	3.0	1 568.43	1 474.3	2 665.0	2 185.3	624.4	437.1	364.2

附表 8　　钢丝绳 6×37 主要数据（四）

直径/mm		钢丝总断面积/mm²	参考质量/（kg/100 m）	钢丝绳标称抗拉强度 1 850 MPa				
				钢丝绳破断拉力总和/kN	钢丝绳破断拉力/kN	安全系数		
						3.5	5	6
钢丝绳	钢丝					许用拉力/kN		
8.7	0.4	27.88	26.21	51.5	42.2	12.1	8.4	7
11.0	0.5	43.57	40.96	70.6	66.1	18.9	13.2	11
13.0	0.6	62.74	58.98	116.0	95.1	27.2	19	15.9
15.0	0.7	85.39	80.27	157.5	129.2	36.9	25.8	21.5
17.5	0.8	111.53	104.8	206.5	169.3	48.4	33.9	28.2
19.5	0.9	141.16	132.7	261.0	214.0	61.1	42.8	35.7
21.5	1.0	174.27	163.8	322.0	264.0	75.4	52.8	44
24.0	1.1	210.87	198.2	390.0	3119.8	91.4	64	53.3
26.0	1.2	250.95	235.9	464.0	380.5	108.7	76.1	63.4
28.0	1.3	294.52	276.8	544.5	446.5	121.6	89.3	74.4
30.0	1.4	341.57	321.1	631.5	517.8	148	103.6	86.3
32.5	1.5	392.11	368.6	725.0	594.5	169.9	118.9	99.1
34.5	1.6	446.31	419.4	825.5	676.5	193.3	135.3	112.8
36.5	1.7	503.64	473.4	931.5	763.8	218.2	152.8	127.3
39.0	1.8	564.63	530.8	1 040.0	852.8	243.7	170.6	142
43.0	2.0	697.08	655.3	1 285.0	1 053.7	301.1	210.7	175.6
47.5	2.2	843.47	792.9	1 560.0	1 279.2	365.5	255.8	213.2
52.0	2.4	1 003.80	943.6	1 855.0	1 521.1	434.6	304.2	253.5
56.0	2.6	1 178.07	1 107.4	2 175.0	1 783.5	509.6	356.7	297.3
60.5	2.8	1 366.28	1 284.3	2 525.0	2 070.5	591.6	414.1	345.1
65.0	3.0	1 568.43	1 474.3	2 900.0	2 378.0	679.4	475.6	396.3

附录 3

钢丝绳 6×61 主要数据

附表 9　　钢丝绳 6×61 主要数据（一）

直径/mm		钢丝总断面积/mm²	参考质量/（kg/100 m）	钢丝绳标称抗拉强度 1 400 MPa				
				钢丝绳破断拉力总和/kN	钢丝绳破断拉力/kN	安全系数		
						3.5	5	6
钢丝绳	钢丝					许用拉力/kN		
11.0	0.4	45.97	43.21	64.3	51.4	14.7	10.3	8.6
14.0	0.5	71.83	67.52	100.5	80.4	23.0	16.1	13.4
16.5	0.6	103.43	97.22	144.5	115.6	33.0	23.1	19.3
19.5	0.7	140.78	132.3	197.0	157.6	45.0	31.5	26.3
22.0	0.8	183.88	182.8	257.0	205.6	58.7	41.1	34.3
25.0	0.9	121.72	218.8	325.5	260.4	74.4	52.1	43.4
27.5	1.0	287.31	270.1	402.0	321.6	81.9	64.3	53.6
30.5	1.1	347.65	326.8	483.5	389.2	111.2	77.8	64.9
33.0	1.2	413.73	388.9	579.0	463.2	132.3	92.6	77.2
36.0	1.3	485.55	456.4	679.5	543.6	155.3	108.7	90.6
38.5	1.4	563.13	529.3	788.0	630.4	180.1	126.1	105.1
41.5	1.5	646.45	607.7	905.0	724.0	206.9	144.8	120.7
44.0	1.6	735.51	691.4	1 025.0	820.0	234.3	164	136.7
47.0	1.7	830.33	780.5	1 160.0	928.0	265.1	185.6	154.7
50.0	1.8	930.88	875.0	1 300.0	1 040.0	297.1	208	173.3
55.5	2.0	1 149.24	1 080.3	1 605.0	1 284.0	366.9	256.8	214
61.0	2.2	1 394.58	1 307.1	1 945.0	1 556.0	444.6	311.2	259.3
66.5	2.4	1 654.91	1 555.6	2 315.0	1 852.0	529.1	370.4	308.7
72.0	2.6	1 942.22	1 825.7	2 715.0	2 172.0	620.6	434.4	362
77.5	2.8	2 252.51	2 117.4	3 150.0	2 520.0	720.0	504	420
83.0	3.0	2 585.79	2 430.6	3 620.0	2 896.0	827.4	579.2	482.7

附表 10　　　　钢丝绳 6×61 主要数据（二）

直径/mm		钢丝总断面积/mm^2	参考质量/（kg/100 m）	钢丝绳标称抗拉强度 1 550 MPa				
				钢丝绳破断拉力总和/kN	钢丝绳破断拉力/kN	安全系数		
						3.5	5	6
钢丝绳	钢丝					许用拉力/kN		
11.0	0.4	45.97	43.21	71.2	57.0	16.3	11.4	9.5
14.0	0.5	71.83	67.52	111.0	88.8	25.4	17.8	14.8
16.5	0.6	103.43	97.22	160.0	128.0	36.6	25.6	21.3
19.5	0.7	140.78	132.3	218.0	174.4	43.8	34.9	29.1
22.0	0.8	183.88	182.8	285.0	228.0	65.1	45.6	38
25.0	0.9	121.72	218.8	360.5	288.4	82.4	57.7	48.1
27.5	1.0	287.31	270.1	445.0	356.0	101.7	71.2	59.3
30.5	1.1	347.65	326.8	538.5	430.8	123.1	82.2	71.8
33.0	1.2	413.73	388.9	641.0	513.8	146.5	102.6	85.5
36.0	1.3	485.55	456.4	752.5	602.0	172.0	120.4	100.3
38.5	1.4	563.13	529.3	872.5	698.0	199.4	139.6	116.3
41.5	1.5	646.45	607.7	1 000.0	800.0	228.6	160	133.3
44.0	1.6	735.51	691.4	1 140.0	912.0	260.6	182.4	152
47.0	1.7	830.33	780.5	1 285.0	1 028.0	293.7	205.6	171.3
50.0	1.8	930.88	875.0	1 440.0	1 152.0	329.1	230.4	192
55.5	2.0	1 149.24	1 080.3	1 780.0	1 424.0	406.9	284.8	237.63
61.0	2.2	1 394.58	1 307.1	2 155.0	1 724.0	492.6	344.8	287.3
66.5	2.4	1 654.91	1 555.6	2 565.0	2 052.0	586.3	410.4	342
72.0	2.6	1 942.22	1 825.7	3 010.0	2 408.0	688.0	481.6	401.3
77.5	2.8	2 252.51	2 117.4	3 490.0	2 792.0	797.7	558.4	465.3
83.0	3.0	2 585.79	2 430.6	4 005.0	3 204.0	915.4	640.8	540

附表 11　　　钢丝绳 6×61 主要数据（三）

直径/mm		钢丝总断面积/mm^2	参考质量/（kg/100 m）	钢丝绳标称抗拉强度 1 700 MPa				
				钢丝绳破断拉力总和/kN	钢丝绳破断拉力/kN	安全系数		
钢丝绳	钢丝					3.5	5	6
						许用拉力/kN		
11.0	0.4	45.97	43.21	78.1	62.5	17.9	12.5	10.4
14.0	0.5	71.83	67.52	122.0	97.6	27.9	19.5	16.3
16.5	0.6	103.43	97.22	175.5	140.4	40.1	28.1	23.4
19.5	0.7	140.78	132.3	239.0	191.2	54.6	35.2	31.9
22.0	0.8	183.88	182.8	312.5	250.0	71.4	50	41.7
25.0	0.9	121.72	218.8	395.5	316.4	90.0	63.3	52.7
27.5	1.0	287.31	270.1	488.0	390.4	112.0	78.1	65.1
30.5	1.1	347.65	326.8	591.0	472.8	135.0	94.6	78.8
33.0	1.2	413.73	388.9	703.0	562.4	161.0	112.5	93.7
36.0	1.3	485.55	456.4	825.0	660.0	189.0	132	110
38.5	1.4	563.13	529.3	957.0	765.6	219.0	153.1	127.6
41.5	1.5	646.45	407.7	1 095.0	876.0	250.0	175.2	146
44.0	1.6	735.51	491.4	1 250.0	1 000.0	286.0	200.0	166.7
47.0	1.7	830.33	780.5	1 410.0	1 128.0	322.0	225.6	188
50.0	1.8	930.88	875.0	1 580.0	1 264.0	361.0	252.8	210.7
55.5	2.0	1 149.24	1 080.3	1 950.0	1 560.0	446.0	312	260
61.0	2.2	1 394.58	1 307.1	2 360.0	1 888.0	539.0	377.6	314.7
66.5	2.4	1 654.91	1 555.6	2 810.0	2 248.0	642.0	449.6	374.7
72.0	2.6	1 942.22	1 825.7	3 300.0	2 640.0	754.0	528	440
77.5	2.8	2 252.51	2 117.4	3 825.0	3 060.0	874.0	612	510
83.0	3.0	2 585.79	2 430.6	4 395.0	3 516.0	1 005.0	703.2	586

附表 12　　　　钢丝绳 6×61 主要数据（四）

直径/mm		钢丝总断面积/mm^2	参考质量/（kg/100 m）	钢丝绳标称抗拉强度 1 850 MPa				
				钢丝绳破断拉力总和/kN	钢丝绳破断拉力/kN	安全系数		
						3.5	5	6
钢丝绳	钢丝					许用拉力/kN		
11.0	0.4	45.97	43.21	85.0	68.0	19.4	13.6	11.3
14.0	0.5	71.83	67.52	132.5	106.0	30.0	21.2	17.7
16.5	0.6	103.43	97.22	191.0	152.8	43.6	30.6	25.5
19.5	0.7	140.78	132.3	260.0	208.0	59.4	41.6	34.7
22.0	0.8	183.88	182.8	340.0	272.0	77.7	54.4	45.3
25.0	0.9	121.72	218.8	430.5	344.4	98.0	68.9	57.4
27.5	1.0	287.31	270.1	531.5	425.2	121.0	85	70.9
30.5	1.1	347.65	326.8	643.0	514.4	147.0	102.9	85.7
33.0	1.2	413.73	388.9	765.0	612.0	175.0	122.4	102
36.0	1.3	485.55	456.4	898.0	718.4	205.0	143.7	119.7
38.5	1.4	563.13	529.3	1 040.0	831.0	238.0	166.4	138.7
41.5	1.5	646.45	407.7	1 195.0	956.0	274.0	191.2	159.3
44.0	1.6	735.51	491.4	1 360.6	1 088.0	311.0	217.6	181.3
47.0	1.7	830.33	780.5	1 535.0	1 228.0	351.0	245.6	204.7
50.0	1.8	930.88	875.0	1 720.0	1 376.0	393.0	275.2	229.3
55.5	2.0	1 149.24	1 080.3	2 125.0	1 700.0	497.0	340	283.3
61.0	2.2	1 394.58	1 307.1	2 570.0	2 000.0	571.0	400	333.3
66.5	2.4	1 654.91	1 555.6	3 060.0	2 448.0	699.0	489.6	408
72.0	2.6	1 942.22	1 825.7	3 590.0	2 872.0	821.0	574.4	478.7
77.5	2.8	2 252.51	2 117.4	4 165.0	3 332.0	952.0	666.4	555.3
83.0	3.0	2 585.79	2 430.6	4 780.0	3 824.0	1 093.0	764	637.3

已出版的职业技能短期培训教材书目

社区服务类		汽车修理基本技能	10.00 元
家庭服务基本技能	6.00 元	冷作钣金工基本技能	7.00 元
家庭钟点服务基本技能	6.00 元	钳工基本技能	8.00 元
月嫂服务实用技能	9.00 元	车工基本技能	8.00 元
保安基础知识与技能	8.00 元	铣工基本技能	8.00 元
家庭保洁	7.00 元	磨工基本技能	12.00 元
婴幼儿护理	8.00 元	镗工基本技能	8.00 元
护理员基本技能	9.00 元	锻造工基本技能	10.00 元
养老护理	6.00 元	铸造工基本技能	7.00 元
社区保洁	7.00 元	维修电工基本技能	11.00 元
社区绿化	10.00 元	电工基本技能	11.00 元
社区保安	8.00 元	电气设备安装工技能	15.00 元
社区公共设备管理	8.00 元	**美容与保健类**	
物业电工基本技能	8.00 元	美容基本技能	7.00 元
手工编织	9.00 元	美发助理	5.00 元
社区房屋维修	7.00 元	美发基本技能	7.00 元
社区管道设备维护	8.00 元	保健拔罐基本技能	7.00 元
插花	9.00 元	保健按摩基本技能	6.00 元
餐饮酒店类		手足修复	9.00 元
餐厅服务基本技能	7.00 元	**建筑与装饰类**	
客房服务基本技能	6.00 元	木工基本技能	8.00 元
烹饪基本技能	9.00 元	钢筋工基本技能	7.00 元
中式面点制作	7.00 元	瓦工基本技能	8.00 元
西式面点制作	6.00 元	防水工基本技能	13.00 元
餐饮服务基本技能	12.00 元	架子工基本技能	9.00 元
烹饪原料加工基本技能	8.00 元	管道工基本技能	8.00 元
服装制作类		混凝土工基本技能	8.00 元
服装制作基本技能	12.00 元	**文秘与计算机类**	
服装缝纫基本技能	5.00 元	文秘基础知识与技能	12.00 元
服务加工基本技能	15.00 元	文字录入与处理	8.00 元
商业服务类		计算机组装基本技能	11.00 元
超市仓库保管	7.00 元	Windows XP 入门与应用	7.00 元
超市收银	9.00 元	Word 入门与应用	8.00 元
超市配送	10.00 元	Excel 入门与应用	9.00 元
制造与修理类		PowerPoint 入门与应用	8.00 元
电子装接工基本技能	7.00 元	FrontPage 入门与应用	8.00 元
司炉工基本技能	8.00 元	Visual FoxPro 入门与应用	8.00 元
锅炉设备安装	8.00 元	Outlook 入门与应用	8.00 元
挡车工基本技能	7.00 元	Photoshop 入门与应用	10.00 元